Kompakt Grammatik Spanisch

Von Francisco G. Povedano
und Hadwig Ille

Ernst Klett Verlag

Kompakt-Grammatik Spanisch
von
Dr. Francisco G. Povedano
Dr. Hadwig Ille

in Zusammenarbeit mit der Verlagsredaktion Weiterbildung Fremdsprachen
Leitung: Dr. Manfred Semder
Mitarbeit an diesem Werk:
Dr. Carlos Segoviano, Verlagsredakteur
Dr. Elisabetta Nöldeke, Verlagsredakteurin
Cristina Palaoro, Redaktionsassistentin

CIP-Titelaufnahme der Deutschen Bibliothek

Povedano, Francisco G.:
Kompakt-Grammatik Spanisch / von Francisco G. Povedano u. Hadwig Ille. – 1. Aufl. – Stuttgart : Klett, 1988
ISBN 3-12-527970-4
NE: Ille, Hadwig:

ISBN 3-12-527970-4

1. Auflage 1 5 4 3 2 1 | 1992 91 90 89 88

Alle Drucke dieser Auflage können im Unterricht nebeneinander benutzt werden, sie sind untereinander unverändert. Die letzte Zahl bezeichnet das Jahr dieses Druckes.

Satz: Setzerei Lihs, Ludwigsburg.
Druck: Gutmann + Co., Heilbronn. Printed in Germany.

Inhaltsverzeichnis

Vorwort

Unter „spanisch" verstehen wir das "castellano", die offizielle Sprache Spaniens, wo bekanntlich auch die katalanische, die galicische und die baskische Sprache gesprochen werden.
Spanisch ist Weltsprache. Es wird von mehr als 300 Millionen Menschen gesprochen, außer in Spanien in: Argentinien, Chile, Uruguay, Paraguay, Peru, Bolivien, Ecuador, Kolumbien, Venezuela, Panama, Guatemala, Honduras, Costa Rica, Nicaragua, El Salvador, Mexiko, Kuba, Puerto Rico und in der Dominikanischen Republik. Es gibt Gebiete wie z. B. im Süden der Vereinigten Staaten, wo die spanische Sprache besonders gepflegt wird. Aus anderen Gründen – hauptsächlich wegen der Zuwanderung von Lateinamerikanern – wird in New York viel Spanisch gesprochen.
Gegenwärtig ist aus wissenschaftlichen, kulturellen, kommerziellen und touristischen Gründen an Schulen und Universitäten ein zunehmendes Interesse am Erlernen des Spanischen festzustellen. Spanien ist mit über 40 Millionen Besuchern jährlich zur Zeit das wichtigste Fremdenverkehrsland der Welt.
Die vorliegende Grammatik ist auf das Erlernen der lebendigen *Umgangssprache* ausgerichtet. Da gegenwärtig die Grammatikstrukturen des Spanischen für alle Länder im wesentlichen gleich sind, wurde auf Hinweise auf regionale Besonderheiten verzichtet.
Wir haben vor allem versucht, die spanische Grammatik klar und leicht verständlich darzustellen; deshalb wurde auf wissenschaftliche Bezeichnungen oft verzichtet. Zum besseren Verständnis des Lesers wiederholen wir absichtlich Beispiele sowie Bezeichnungen von Satzteilen. Diese bewußte Wiederholung soll dem Leser beim Lernen helfen. Zugunsten einer größeren Klarheit und Einfachheit haben wir wissenschaftliche Fragestellungen vermieden.

Lautung und Schreibung – Fonética y escritura

Das spanische Alphabet – El alfabeto español

Es besteht aus 29 Buchstaben:

Buchstabe	Laut	Spanischer Name
A a	[a]	a
B b	[b] [β]	be
C c	[k] [θ]	ce
Ch ch	[c]	che
D d	[d] [ð]	de
E e	[ɛ]	e
F f	[f]	efe
G g	[g] [ɣ] [x]	ge
H h	–	hache
I i	[i]	i
J j	[x]	jota ['xɔta]
K k	[k]	ka
L l	[l]	ele
Ll ll	[ʎ]	elle
M m	[m]	eme

Buchstabe	Laut	Spanischer Name
N n	[n] [ŋ] [ɱ] [m]	ene ene
Ñ ñ	[ɲ]	eñe
O o	[ɔ]	o
P p	[p]	pe
Qu qu	[k]	ku
R r	[r] [rr]	erre
S s	[s]	ese
T t	[t]	te
U u	[u]	u
V v	[b] [β]	uve, ve
W w	[v]	uve doble, ve doble
X x	[ɣs] [s]	equis ['ekis]
Y y	[i] [ĭ] [ĵ]	i griega, ye
Z z	[θ]	zeda, zeta

Die Erklärung der spanischen Laute erfolgt ausschließlich kontrastiv, d.h. im Vergleich zu den deutschen Lauten.

' bedeutet, daß die folgende Silbe betont ist.

Die Vokale (Selbstlaute) – Las vocales

Die fünf spanischen Vokale *a, e, i, o, u* werden immer offen, klar und halbkurz gesprochen.
Betonung und Akzent machen den Vokal nicht lang, sondern geben ihm nur eine stärkere Tonintensität.

Buchstabe	Aussprache	Erläuterung	Beispiele		
a	[a]	wie in l**a**ssen	c**a**ra	['kara]	Gesicht
e	[ɛ]	offen, etwa wie in W**e**tter	p**e**ra	['pɛra]	Birne
i y*	[i]	wie in B**i**ld	am**i**go	[a'miɣɔ]	Freund
o	[ɔ]	offen, etwa wie in k**o**mmen	m**o**no	['mɔnɔ]	Affe
u	[u]	wie in K**u**r tendiert nicht zu "o"	p**u**ro	[purɔ]	Zigarre

* Siehe auch „Konsonanten" und „Diphthonge".

Die Konsonanten (Mitlaute) – Las consonantes

- Die spanischen Konsonanten sind entweder stimmhaft oder stimmlos. Sie werden nicht aspiriert.
  Stimmhaft: b, d, g, l, ll, m, n, ñ, r, rr, v, y.
  Stimmlos: c, ch, f, g, j, k, p, q, s, t, x, z.
- *f, l, m* werden wie im Deutschen ausgesprochen.
- Zur spanischen Aussprache der Konsonanten *b, p, d, k, t* gilt im allgemeinen, daß sie etwas weicher als im Deutschen auszusprechen sind. Sie werden nicht aspiriert.

Schreibung	Laut	Erläuterung und Beispiele		
b, v	[b]	**b** und **v** haben im Spanischen die gleiche Aussprache; am Satzanfang, nach einer Satzpause nach *m* und *n* etwas weicher als in **B**ert und nicht aspiriert		
		barco	[baɹkɔ]	Schiff
		tam**b**ién	[tam'biɛn]	auch
		en**v**iar	[em'biaɹ]	schicken
	[β]	zwischen zwei Vokalen, auch mitten im Satz viel weicher, zwischen den Lippen ausgesprochen		
		llo**v**er	[ʎɔ'βɛɹ]	regnen
		be**b**er	[bɛ'βɛɹ]	trinken
		Barcelona y Valencia klingt wie [baɹθɛ'lonaiβa'lɛnθia] Valencia y Barcelona klingt wie [balɛnθiaiβaɹθɛlona]		
c k qu	[k]	vor *a, o, u* und vor *t* immer vor *e, i* (das u ist stumm, *q* wird im Spanischen nur in der Verbindung *que, qui* gebraucht) etwas weicher als in **K**äse und nicht aspiriert		
		cosa	['kɔsa]	Sache
		queso	['kɛsɔ]	Käse
		kilómetro	[ki'lɔmɛtrɔ]	Kilometer
		perfe**c**to	[pɛɹ'fɛktɔ]	perfekt
c z	[θ]	vor *e, i* immer stimmloser Reibelaut, noch schärfer als das stimmlose „th“ im Englischen		
		cena	['θɛna]	Abendessen
		cine	['θinɛ]	Kino
		zapatos	[θa'patɔs]	Schuhe
		in Lateinamerika, in großen Teilen Südspaniens und auf den Kanarischen Inseln werden [θ] und [θ̬] wie [s] ausgesprochen: ca**s**a Haus und ca**z**a Jagd klingen dort identisch: ['kạsa]		
ch	[c]	ist „ein Laut“; stimmloser Zischlaut, etwa wie **Dsch**ungel im Deutschen		
		co**ch**e	['kɔcɛ]	Auto
		mu**ch**a**ch**o	[mu'cacɔ]	Junge

Schreibung	Laut	Erläuterung und Beispiele		
d	[d]	am Satzanfang oder nach einer Pause etwas weicher als in **D**iktat		
		dedo	['dɛðɔ]	Finger
		donde	['dɔndɛ]	wo
	[ð]	zwischen zwei Vokalen viel weicher (die Zungenspitze stößt nicht bei den oberen Schneidezähnen hinten oben, sondern vorne unten an)		
		na**d**a	['naða]	nichts
		deci**d**i**d**o	[dɛθi'ðiðɔ]	entschlossen
g gu	[g]	vor *a, o, u* vor *e, i* (das *u* ist stumm) etwas weicher als in **G**itarre		
		gobierno	[go'βiɛɹnɔ]	Regierung
		gusto	['gustɔ]	Geschmack
		guitarra	[gi'tarra]	Gitarre
		soll das *u* bei *gue, gui* ausgesprochen werden, trägt es eine Diärese: *ü:*		
		ver**gü**enza	[bɛɹ'gɣenθa]	Schande
		lin**gü**ística	[liŋ'guistika]	Linguistik
	[ɣ]	zwischen Vokalen (nicht aber vor *e, i*) und in Kontakt mit *r, l* weicher als [g]		
		la**g**o	[la'ɣɔ]	der See
		a**g**rio	['aɣɹiɔ]	sauer
		gris	[ɣɹis]	grau
		al**g**o	['alɣɔ]	etwas
g j	[x]	vor *e, i* immer wie Ba**ch**, Lo**ch**, Bu**ch**		
		gente	['xɛntɛ]	Leute
		gitano	[xi'tanɔ]	Zigeuner
		jamón	[xa'mɔn]	Schinken
h	–	ist immer stumm		
		hermano	[ɛɹ'manɔ]	Bruder
		vor *ue* lautet **h** in der Umgangssprache wie ein sehr leichtes [ɣ]		
		huevo	['ɣuɛβɔ]	Ei

Schreibung	Laut	Erläuterung und Beispiele		
y hi	[j̆]	vor Vokal vor Vokal etwas stärker als in **j**a		
		yo	[j̆ɔ]	ich
		re**y**es	['rrɛj̆ɛs]	Könige
		hierro	['j̆ɛrrɔ]	Eisen
ll	[j̆]	entspricht mit wenigen Ausnahmen dem Laut [j̆]		
		calle	['kaj̆ɛ]	Straße
		ella	['ɛj̆a]	sie
	[ʎ]	in einigen Regionen Spaniens und Lateinamerikas bleibt die alte Aussprache des „ll“ als ein Laut erhalten kürzer als Mi**lli**on		
		calle	['kaʎɛ]	
		ella	['ɛʎa]	
n	[n]	immer, außer in den unten genannten Fällen wie in **N**etz		
		noviembre	[nɔ'βiɛmbɹɛ]	November
		ju**n**io	['xuniɔ]	Juni
	[ŋ]	vor [k], [ɣ] und [x] wie in Ri**n**g		
		ri**n**cón	[rriŋ'kɔn]	Ecke
		e**n** casa	[ɛŋ'kasa]	zu Hause
		mo**n**ja	['mɔŋxa]	Nonne
	[m]	vor *b*, *v*, *p*, *m* **n** wird wie [m] ausgesprochen		
		e**n**vidia	[ɛm'biðja]	Neid
		co**n**migo	[kɔm'miɣɔ]	mit mir
		u**n** burro	[um'βurrɔ]	ein Esel
		u**n** pájaro	[umpa'xarɔ]	ein Vogel
ñ	[ɲ]	wie *gn* in Ko**gn**ak		
		ni**ñ**o	['niɲɔ]	Kind
		co**ñ**ac	[kɔ'ɲa(κ)]	Kognak
p	[p]	etwas weicher als in **P**eter und nicht aspiriert		
		Pedro	['pɛðɹɔ]	Peter
		co**p**a	['kɔpa]	Stielglas

Schreibung	Laut	Erläuterung und Beispiele		
r	[r]	zwischen Vokalen leichtes, kurzes Zungen-**r**		
		cama**r**e**r**o	[kama'rerɔ]	Kellner
		A**r**agón	[ara'ɣɔn]	Aragonien
	[ɹ]	vor oder nach Konsonanten und am Ende eines Wortes etwas gerolltes Zungen-**r**		
		ta**r**de	['taɹðɛ]	Abend
		amo**r**	[a'mɔɹ]	Liebe
		cont**r**a	['kɔntɹa]	gegen
r rr	[rr]	am Wortanfang und nach *l, n, s* immer stark gerollt		
		rubio	['rruβiɔ]	blond
		en**r**edo	[ɛn'rrɛðɔ]	Wirrwarr
		pe**rr**o	['pɛrrɔ]	Hund
s	[s]	immer stimmlose, scharfe Aussprache wie in la**ss**en		
		ro**s**a	['rrɔsa]	Rose
		señor	[sɛ'ɲɔr]	Herr
t	[t]	etwas weicher als in **T**an**t**e und nicht aspiriert		
		tío	['tiɔ]	Onkel
		tiene **t**iempo	['tiɛnɛ'tiɛmpɔ]	er/sie hat Zeit
w		kommt nur in Fremdwörtern vor **w** wird wie in der jeweiligen Fremdsprache ausgesprochen (**W**ashington, **W**ilhelm) (wáter = WC wird ['batɛr] ausgesprochen)		
x	[ɣs] [s]	vor Vokalen etwa wie **gs** oder oft wie ein stimmloses scharfes [s]		
		pró**x**imo	['pɹɔɣsimɔ, 'pɹɔsimɔ]	nahe
		e**x**amen	[ɛɣ'samɛn, ɛ'samɛn]	Examen
		vor Konsonanten wird **x** im allgemeinen nur wie ein [s] ausgesprochen		
		e**x**tranjero	[ɛstraŋ'xɛrɔ]	Ausländer
		México wird im Spanischen wie Méjico ['mexiko] ausgesprochen		

Die Diphthonge (Doppellaute) – Los diptongos

Ein Diphthong besteht aus zwei Vokalen, die zusammen nur eine Wortsilbe bilden und eng miteinander verbunden ausgesprochen werden. Sind die Vokale *i* (y) und *u* mit anderen Vokalen oder untereinander verbunden, so bilden sie einen Diphthong.

Schreibung	Laut	Beispiele
c**ai**mán	[kai'man]	Kaiman
h**ay**	[ai]	es gibt
d**ia**mante	[dia'mantɛ]	Diamant
auto	['autɔ]	Auto
s**ua**ve	['suaβɛ]	mild
p**ei**ne	['pɛinɛ]	Kamm
inv**ie**rno	[im'biɛɹnɔ]	Winter

Schreibung	Laut	Beispiele
Europa	[ɛu'rɔpa]	Europa
p**ue**rto	[pu'ɛɹtɔ]	Hafen
oigo	['ɔiɣɔ]	ich höre
h**oy**	[ɔi]	heute
id**io**ta	[i'ðiɔta]	Idiot
c**uo**ta	['kuɔta]	Quote
c**iu**dad	[θiu'ðað]	Stadt
L**ui**s	[luis]	Ludwig

Ein Akzent auf *i* oder *u* zeigt, daß es sich nicht um einen Diphthong handelt: *tío* [tiɔ] Onkel, *oí* [ɔ'i] ich hörte, *baúl* [βa'ul] Truhe.

Die Wortsilben – Las sílabas

Wortsilben werden nach der Zahl der Vokale oder der Diphthonge gezählt.

- Eine Silbe endet auf Vokal, auf Diphthong oder auf den letzten Buchstaben eines Wortes.

ca-sa	Haus
bue-no	gut
a-mor	Liebe

- Wenn zwei oder mehrere Konsonanten auf einen Vokal bzw. Diphthong folgen, dann endet die Silbe mit dem Konsonanten, der unmittelbar nach dem Vokal bzw. Diphthong steht. (Dies gilt auch für *st* und *sp*.)

lec-ción	Lektion
es-pe-rar	warten
res-tau-ran-te	Restaurant

- In der Konsonantenverbindung mit *l-* und *r-* endet die Silbe auf den letzten Buchstaben vor diesen Verbindungen.
  l-Verbindungen sind: bl, cl, fl, gl, pl
  r-Verbindungen sind: br, cr, dr, fr, gr, pr, tr

ma-dre	Mutter
des-pre-ciar	verachten
ex-pli-car	erklären
a-pli-car	anwenden

- *ch, ll, rr* bilden je einen Laut und sind untrennbar.

mu-cha-cho	Junge	pe-rro	Hund
ca-lle	Straße	cho-rro	Wasserstrahl

- Wörter mit einer Vorsilbe (**des-**, **in-** …) können entweder nach ihren Bestandteilen oder nach der Aussprache getrennt werden.

des-a-pa-re-cer	de-sa-pa-re-cer	verschwinden
in-o-fen-si-vo	i-no-fen-si-vo	harmlos
nos-o-tros	no-so-tros	wir

Betonung und Akzent – Acentuación y acento

- Wörter, die auf Vokal, *-n* oder *-s* enden, werden auf der vorletzten Silbe betont.

pẹ-rro	Hund	nụ-be	Wolke
Cạr-men		za-pạ-tos	Schuhe

- Wörter, die auf Konsonant (außer *n* oder *s*) enden, werden auf der letzten Silbe betont.

de-cịr	sagen	a-ni-mạl	Tier
re-lọj	Uhr	fe-rọz	wild
ver-dạd	Wahrheit	can-tạr	singen

- Wörter, die in der Betonung von diesen beiden Regeln abweichen, tragen auf dem betonten Vokal einen Akzent.

es-cri-bị́	ich schrieb	fạ́-cil	leicht
co-ra-zọ́n	Herz	cọ́n-dor	Kondor
re-vẹ́s	Rückseite	Pẹ́-rez	

- Demnach tragen alle Wörter, die auf der drittletzten Silbe betont werden, einen Akzent auf dem betonten Vokal.

mụ́-si-ca	Musik	mẹ́-di-co	Arzt
tri-ạ́n-gu-lo	Dreieck	sị́-la-ba	Silbe

- Bei Großbuchstaben ist der Gebrauch des Akzents fakultativ.

Á-vi-la	Á-fri-ca	Án-ge-la
Os-car	Ur-su-la	An-gel

- Einsilbige Wörter haben in der Regel keinen Akzent.
  Wenn aber ein Wort verschiedene Bedeutungen oder Funktionen hat, kann es je nach der Bedeutung oder der Funktion einen Akzent tragen.

- Frage- und Ausrufewörter (*qué, cuándo …*) und betonte Personalpronomen (*mí, él, tú*) tragen einen Akzent; alleinstehende Demonstrativpronomen (*este, aquella …*) und das Adverb *solo* können (müssen aber nicht) einen Akzent tragen.
  Einige Beispiele:

¿Sabes **si** viene Carlos?	Weißt du, **ob** Carlos kommt?
Sị́, llega hoy.	**Ja**, er kommt heute an.
No **sẹ́** lo que **se** dice de Charito.	Ich **weiß** nicht, was **man** über Charito sagt.
Quiere que le **dẹ́** a **ẹ́l el** reloj **de** mi padre.	Er will, daß ich ihm **die** Uhr meines Vaters **gebe**.
Tụ́ no estás nunca en **tu** casa.	**Du** bist nie zu Hause.
¿**Te** gusta el **tẹ́**?	Schmeckt **dir** der **Tee**?
Juan está **solo**, pero **sọ́lo** hoy.	Juan ist **allein**, aber nur heute.
¿Quieres **ese** reloj?	Möchtest du **diese** Uhr?
No sé si comprar **ẹ́ste** o **aquẹ́l**.	Ich weiß nicht, ob ich **diese** oder **jene** kaufen soll.
¿**Por quẹ́** no lo dices?	**Warum** sagst du es nicht?
Porque no es verdad.	**Weil** es nicht wahr ist.

- Die adverbiale Endung auf *-mente* stellt in bezug auf Akzent eine Ausnahme dar:

fácilmente	leicht	inútilmente	vergebens

Groß- und Kleinschreibung – Mayúsculas y minúsculas

- Im Spanischen werden Gattungsnamen klein und nur Eigennamen groß geschrieben:
  el **p**uerto Hafen, la **c**asa Haus, el **mar** Meer
  Antonio, **M**urcia, **E**spaña
- Monatsnamen werden in der Regel klein geschrieben:
  En **j**ulio vamos a Alicante. Im Juli fahren wir nach Alicante.

Interpunktion – Signos de puntuación

- Im Spanischen und im Deutschen ist die Zeichensetzung häufig unterschiedlich. Wichtigste Abweichungen von der deutschen Sprache:

Komma – Coma

1. Adverbielle und präpositionelle Ausdrücke werden meistens durch Komma abgetrennt:
   Me gusta ese coche. *Sin embargo*, es demasiado caro.
   Dieses Auto gefällt mir. Es ist aber viel zu teuer.
   Lo hará, *sin duda*, mañana.
   Er wird es zweifellos morgen tun.
   Es interesante lo que dices. *A pesar de todo*, no me convences.
   Was du sagst, ist schon interessant. Trotzdem überzeugst du mich nicht.
2. Wird ein Verb ausgelassen, so tritt an seine Stelle ein Komma:
   Si vienes hoy, *mejor*.
   Es ist besser, wenn du heute kommst.

3. Relativsätze und Satzverkürzung durch Partizip werden durch Komma abgetrennt, nur wenn sie eine Erklärung beinhalten, die für das Verständnis der Hauptaussage nicht notwendig ist:

El profesor Pérez, *que hoy llega a Berlín*, dará allí dos conferencias.

Professor Pérez, der heute in Berlin ankommt, wird dort zwei Vorträge halten.

El profesor Pérez, *doctorado en Oxford*, da hoy una conferencia.

Der in Oxford promovierte Professor Pérez hält heute einen Vortrag.

Aber ohne Komma:

La colonia *que uso ahora* es buenísima.

Das Kölnischwasser, das ich jetzt benutze, ist sehr gut.

El profesor *llegado hoy de Madrid* se llama Alberto Pérez.

Der heute aus Madrid angekommene Professor heißt Alberto Pérez.

4. Auf die Nebensatzverkürzung durch Infinitiv mit Präposition oder durch *gerundio* folgt meistens ein Komma, wenn sie am Satzanfang stehen:

Al llegar Irene, le dimos las flores.

Als Irene kam, gaben wir ihr die Blumen.

Estudiando con aplicación, Fernando aprobará el examen.

Wenn Fernando fleißig lernt, wird er die Prüfung bestehen.

Gedankenstrich – Guión

1. Vor der direkten Rede steht in der Regel ein Gedankenstrich:

–¿De dónde venís?– preguntó el maestro.

„Woher kommt ihr?“ fragte der Lehrer.

2. Der Gedankenstrich kann anstelle der Klammer verwendet werden:

Al subir al tren –no se lo digas a nadie–, me eché a llorar.

Als ich den Zug bestieg (aber sag es niemandem) fing ich an zu weinen.

Frage- und Ausrufezeichen – Signos de interrogación y de admiración

Frage- und Ausrufezeichen stehen sowohl zu Beginn als auch am Ende einer Frage bzw. eines Ausrufs:

¿No dices nada?

Sagst du nichts?

¡Qué vergüenza!

Was für eine Schande!

Die Wortarten – Partes de la oración

Artikel (Geschlechtswort) – El artículo

Der bestimmte und der unbestimmte Artikel – Artículo determinado e indeterminado

- Der bestimmte und der unbestimmte Artikel sind im Spanischen vor Substantiven oder substantivierten Wörtern männlich oder weiblich. Sie können im Singular (Einzahl) oder im Plural (Mehrzahl) stehen.

Singular	bestimmter Artikel		unbestimmter Artikel	
männlich	**el** río **el** árbol	der Fluß der Baum	**un** río **un** árbol	ein Fluß ein Baum
weiblich	**la** ventana **la** flor	das Fenster die Blume	**una** ventana **una** flor	ein Fenster eine Blume
Plural				
männlich	**los** ríos **los** árboles	die Flüsse die Bäume	**unos** ríos **unos** árboles	(einige) Flüsse (einige) Bäume
weiblich	**las** ventanas **las** flores	die Fenster die Blumen	**unas** ventanas **unas** flores	(einige) Fenster (einige) Blumen

- Verschmelzung der Präpositionen *a* und *de* mit dem Artikel *el*: *a* + *el* = **al:** ***al*** *cine* ins Kino; *de* + *el* = **del:** ***del*** *cine* vom Kino.

- Wenn weibliche Substantive mit betontem *a* (oder *ha*) anfangen, haben sie im Singular den Artikel **el**, im Plural **las**.

Singular		Plural	
el alma	die Seele	**las** almas	die Seelen
el águila	der Adler	**las** águilas	die Adler
el arma	die Waffe	**las** armas	die Waffen
el ancla	der Anker	**las** anclas	die Anker
el hada	die Fee	**las** hadas	die Feen

- Neutrum **lo** wird nie vor Substantiven, aber oft vor substantivierten Adjektiven, Partizipien, betonten Possessivpronomen, Ordnungszahlen, manchmal auch vor Adverbien gebraucht.

lo bueno **lo** nuestro **lo** perdido	das Gute das Unsere das Verlorene	**lo** segundo **lo** rápidamente que corre	das Zweite wie schnell er läuft

- **lo** ist auch Bestandteil der geläufigen Form **lo que** (das, was).

lo que Carmen dice con **lo que** gana Juan	was Carmen sagt mit dem, was Juan verdient

Gebrauch der Artikel

- Im Spanischen kann der bestimmte Artikel vor einem Substantiv stehen oder fehlen.

Mit bestimmtem Artikel stehen:

Zeitangabe		Uhrzeit	
el mes que viene **el** año pasado	nächsten Monat letztes Jahr	a **las** 8 Son **las** 8.	um 8 Uhr Es ist 8 Uhr.

Wochentage		Sport	
El sábado llega Antonio. **Los** domingos voy al cine.	Am Samstag kommt Antonio. Sonntags gehe ich ins Kino.	jugar **al** fútbol	Fußball spielen

Sportmannschaften	Spiel	
el Real Madrid **el** Barcelona **el** Inter de Milán	tocar **la** guitarra jugar **al** dominó jugar a **las** cartas	Gitarre spielen Domino spielen Karten spielen

(Bisweilen) Einige Ländernamen	Einige Städtenamen (immer)
(el) Paraguay, (el) Uruguay, (el) Perú, (el) Ecuador, (el) Brasil, (el) Japón, (el) Canadá, (la) Argentina, (la) India	**La** Habana, **La** Paz, **La** Coruña, **El** Cairo

Alle Städte- oder Ländernamen, wenn sie näher bestimmt werden	
En **el** Berlín de los años 20. **La** España del Siglo XVI.	Im Berlin der 20er Jahre. Das Spanien des 16. Jahrhunderts.

Titel bei Nachnamen*		allgemein gebrauchte Gattungsnamen**	
El señor Pérez lee mucho. **El** doctor Gómez es un buen médico.	Herr Pérez liest viel. Doktor Gómez ist ein guter Arzt.	Los diamantes son muy caros. **El** vino tinto es barato.	Diamanten sind sehr teuer. Rotwein ist billig.

* nicht aber bei der Anrede:	
¡Buenas tardes, señor Pérez! ¿Cómo está usted, doctor Gómez?	Guten Abend, Herr Pérez! Wie geht's Ihnen, Herr Doktor Gómez?

** Diese Gattungsnamen stehen aber ohne Artikel, wenn sie von Verben des Wünschens, Anbietens, An- und Verkaufens bestimmt werden.	
Quiero vino tinto. Le ofrezco oro y plata baratos. María compra y vende oro.	Ich möchte Rotwein. Ich biete Ihnen Gold und Silber billig an. Maria kauft und verkauft Gold.

Ohne Artikel stehen:

Titel bei Vornamen und Anrede	
don Pedro doña Luisa ¡Buenos días, profesor! ¿Un café, señorita Ruiz?	 Guten Tag, Herr Professor! Ein Kaffee, Fräulein Ruiz?

Zählung bei den Herrschernamen	
Alfonso XIII (trece) de España Isabel I (primera) de Castilla	Alfons XIII. von Spanien Isabel I. von Kastilien

Verkehrsmittel in Zusammenhang mit "en"				Monatsnamen	
en tren en avión	mit dem Zug mit dem Flugzeug	en autobús en coche	mit dem Bus mit dem Wagen	en marzo julio	im März der Juli

Apposition*	
Larra, precursor del periodismo español.	Larra, der Vorläufer des spanischen Journalismus.
* Will man aber die Apposition als eine besondere Bezeichnung gebrauchen, dann mit Artikel.	
Ingrid Bergman, la gran estrella del cine de los años 50.	Ingrid Bergman, der große Filmstar der fünfziger Jahre.

Der unbestimmte Artikel steht nicht:

vor **otro** und **medio**, meistens auch nicht vor dem Substantiv **parte**	
otro amigo dentro de **media** hora (una) **parte** de la familia	ein anderer Freund in einer halben Stunde ein Teil der Familie

vor dem nicht näher beschriebenen Objekt des Verbs **tener***	
Antonio tiene novia. ¿Tienes coche?	Antonio hat eine Freundin. Hast du ein Auto?
* **Aber:**	
Antonio tiene **una** novia muy guapa. Juan tiene **un** coche nuevo.	Antonio hat eine sehr hübsche Freundin. Juan hat ein neues Auto.

unos, **unas**, eine Besonderheit des spanischen unbestimmten Artikels, bedeutet soviel wie „einige". Vor Grundzahlen hat **unos**, **unas** die Bedeutung von „etwa" oder „ungefähr".

Ven dentro de **unos** días. Había allí **unas** cincuenta personas.	Komm in einigen Tagen. Es waren etwa 50 Leute dort.

Es gibt feste Bezeichnungen oder feste Redewendungen bzw. Verbindungen des Verbs mit einem Substantiv sowie adverbiale Ausdrücke, die **ohne Artikel** stehen. Wegen der vielen Ausnahmen können sie nicht klassifiziert werden. Einige Beispiele:

collar de perlas	Perlenkette
vino de mesa	Tafelwein
dar caza al ladrón	den Dieb jagen
hacer burla de alguien	jemanden verspotten
de pasada	im Vorbeigehen
con prisa	eilig
con motivo de	anläßlich …

Aber z. B.:

en manos de oder *en las manos de*	in den Händen von
en busca de oder *a la busca de*	auf der Suche nach …

Das Substantiv (das Hauptwort) – El sustantivo

Geschlecht und Pluralbildung – Género y número

- Das Geschlecht der spanischen Substantive ist entweder **männlich** oder **weiblich.** Kein Substantiv ist Neutrum. Neutrum **lo** kann aber manchmal vor substantivierten Adjektiven, betonten Possessivpronomen, Partizipien, Ordnungszahlen und Adverbien stehen (s. Seiten 32, 36, 108, 109).
- **Substantivierte Infinitive** sind männlich: *el leer* das Lesen.
- Substantive, die auf **-o** enden, sind in der Regel männlich.
  Substantive, die auf **-a** enden, sind überwiegend weiblich.
  Substantive auf **-o** und auf **-a** bilden den Plural mit **-s**.

Singular		Plural	
el amigo **la casa**	der Freund das Haus	los amigo**s** las casa**s**	die Freunde die Häuser

- Substantive, die auf **-e** enden, können männlich oder weiblich sein.
  Sie bilden den Plural ebenfalls mit **-s**.

Singular		Plural	
el diente **la llave**	der Zahn der Schlüssel	los diente**s** las llave**s**	die Zähne die Schlüssel

- Substantive, die auf Konsonant enden, können männlich oder weiblich sein. Sie bilden den Plural auf **-es**.
  Meistens männlich sind Substantive auf **-ón**, **-l**, **-r**.
  Meistens weiblich sind Substantive auf **-ión**, **-ad**, **-z**.

Singular		Plural	
el coraz**ón** el árbo**l** el dolo**r**	das Herz der Baum der Schmerz	los corazon**es** los árbol**es** los dolor**es**	die Herzen die Bäume die Schmerzen
la canc**ión** la verd**ad** la lu**z**	der Gesang die Wahrheit das Licht	las cancion**es** las verdad**es** las luc**es***	die Gesänge die Wahrheiten die Lichter

* Alle Substantive mit der Endung **-z** bilden den Plural auf **-ces**:
la paz Frieden *las paces, la vez* Mal *las veces …*

- Substantive auf **-í** oder **-ú** kommen selten vor und sind meistens männlich.
  Sie bilden den Plural auf **-es**.

Singular		Plural	
el alhelí	die Levkoje	los alhelíes	die Levkojen
el tisú	der Brokat	los tisúes	die Brokate

- Der Plural von **Fremdwörtern** wird in der Regel durch Anhängen von **-s** gebildet.

Singular		Plural	
el frac	der Frack	los fracs	die Fräcke
el ballet	das Ballett	los ballets	die Ballette

- Substantive, die im Singular auf **-s** enden, bleiben im Plural unverändert, wenn der Vokal vor dem **-s** unbetont ist.

Singular		Plural	
el paraguas	der Regenschirm	los paraguas	die Regenschirme
el martes	der Dienstag	los martes	die Dienstage
la tesis	die These	las tesis	die Thesen
el cumpleaños	der Geburtstag	los cumpleaños	die Geburtstage
el cactus	der Kaktus	los cactus	die Kakteen
el atlas	der Atlas	los atlas	die Atlanten
el jueves	der Donnerstag	los jueves	die Donnerstage

Aber: el autobús Autobus, los autobu**ses** (ohne Akzent im Plural);
el compás Zirkel, los compa**ses**.

- Substantive auf **-ista**, die die Ausübung eines Berufs oder einer Tätigkeit bezeichnen, können männlich und weiblich sein.

Singular		Plural	
el/la artista	der/die Künstler/in	**los/las** artistas	die Künstler/-innen
el/la turista	der/die Tourist/in	**los/las** turistas	die Tourist/en, -innen
el/la dentista	der Zahnarzt, die Zahnärztin	**los/las** dentistas	die Zahnärzt/e, -innen
el/la pianista	der/die Klavierspieler/in	**los/las** pianistas	die Klavierspieler/-innen

- Substantivierte Formen des Partizip Präsens (auf **-ante** und **-iente**) werden unverändert für männlich und weiblich verwendet.

Singular		Plural	
el/la amante	der/die Geliebte	**los/las** amantes	die Geliebten
el/la donante	der/die Spender/in	**los/las** donan-tes	die Spender/innen
el/la oyente	der/die Hörer/in	**los/las** oyentes	die Hörer/innen
el/la vidente	der/die Seher/in	**los/las** videntes	die Seher/innen

Ausnahmen

- Einige Substantive auf **-a** sind männlich, z. B.:

el día	der Tag	el crucigrama	das Kreuzworträtsel
el mapa	die Landkarte	el clima	das Klima
el tranvía	die Straßenbahn	el idioma	die Sprache
el poeta	der Dichter	el diploma	das Diplom
el planeta	der Planet	el síntoma	das Symptom
el enigma	das Rätsel	el problema	das Problem
el drama	das Drama	el tema	das Thema
el panorama	das Panorama	el poema	das Gedicht
el programa	das Programm	el sistema	das System
el telegrama	das Telegramm	el esquema	das Schema

- Einige wenige Substantive auf **-o** sind weiblich, z. B.:

la mano	die Hand	la foto	das Foto
la radio	der Rundfunk, das Radiogerät	la moto	das Motorrad

Besonderheiten

- Manche Substantive können im Plural **eine zweite Bedeutung** haben, z. B.:

Singular		Plural	
el padre	der Vater	los padres	die Eltern
el abuelo	der Großvater	los abuelos	die Großeltern
la esposa	die Gattin	las esposas	die Handschellen
el hijo	der Sohn	los hijos	die Kinder
el hermano	der Bruder	los hermanos	die Geschwister
la letra	der Buchstabe	las letras	die Geisteswissenschaften

- Einige Substantive, die männlich und weiblich sein können, haben je nach dem Geschlecht eine **unterschiedliche Bedeutung**.

männlich		weiblich	
el capital	das Kapital	la capital	die Hauptstadt
el corte	der Schnitt	la corte	der Hof
el frente	die Front	la frente	die Stirn
el guardia	der Wächter/Polizist	la guardia	die Wache
el policía	der Polizist	la policía	die Polizei
el cura	der Pfarrer	la cura	die Kur
el orden	die Ordnung	la orden	der Befehl, der Orden

- Einige Substantive werden **nur im Plural** verwendet, z. B.:

los alrededores	die Umgebung	los alicates	die Flachzange
las afueras	der Vorort/ die Vororte	los prismáticos	das Fernglas/ das Opernglas
las gafas	die Brille	las cosquillas	der Kitzel

Umgekehrt wird *la gente* die Leute fast immer im Singular gebraucht.

- Die **Buchstaben** sind alle weiblich: *la a, la efe* usw.
- **Zahlen** und **Flüsse** sind immer männlich; auch **Bäume**, die nicht auf **-a** enden, z. B.:

el cuatro	die vier	el Danubio	die Donau
el nogal	der Nußbaum	el Rin	der Rhein
Aber:			
la higuera	der Feigenbaum	la haya	die Buche
la encina	die Steineiche	la morera	der Maulbeerbaum

- Namen von **Zeitungen** sind im allgemeinen männlich, z. B. *"El País"*, *"El ABC"* usw.
  Aber: *"La Vanguardia"*, *"La Gaceta del Norte"* …
- Das Substantiv **arte** Kunst ist im Singular männlich und im Plural weiblich: *el arte nuevo* die neue Kunst, *las artes nuevas* die neuen Künste.

Deklination (Beugung) **des Substantivs** – Declinación del sustantivo

Die vier Fälle (Kasus)

Vom Plural abgesehen wird das Substantiv im Spanischen nicht flektiert.

Wer? – Was? (Nominativ)	**El niño** juega. **Los pájaros** cantan.	Das Kind spielt. Die Vögel singen.
Wessen? (Genitiv)	El juguete **del niño** es bonito. Conozco al autor **de estos libros**.	Das Spielzeug des Kindes ist sehr hübsch. Ich kenne den Autor dieser Bücher.
Wem? (Dativ)	Regalo un juguete **al niño**. ¿Habéis dado el libro **a Pilar**?	Ich schenke dem Kind ein Spielzeug. Habt ihr Pilar das Buch gegeben?
Wen? Was? (Akkusativ)	Amo **al niño**. Amo **la vida**. ¿Has leído **la carta**? Has traído **a tu perro**, ¡qué bien! ¿Por qué defiende usted siempre **a su empresa**?	Ich liebe das Kind. Ich liebe das Leben. Hast du den Brief gelesen? Du hast deinen Hund mitgebracht, wie schön! Warum verteidigen Sie immer Ihre Firma?

- Genitiv hat die Präposition **de**.
- Dativ hat die Präposition **a**.

Akkusativ mit "a"

- Im Akkusativ steht die Präposition **a** vor Personen- oder Lebewesenbezeichnungen und vor personifizierten Begriffen.
- Vor allem bei **tener**, **necesitar**, **buscar** und **encontrar** steht die Präposition **a** nicht vor dem Akkusativ der Personen oder Lebewesen, die nicht näher beschrieben werden. Diese werden dann meistens auch ohne bestimmten Artikel gebraucht.

Necesito un médico. Busco un gato blanco. En Juan he encontrado un buen amigo.	Ich brauche einen Arzt. Ich suche eine weiße Katze. In Juan habe ich einen guten Freund gefunden.

- Wenn es sich aber um bestimmte Personen usw. handelt, benutzt man auch bei diesen Verben die Präposition **a**.

Necesito **al** médico de tu padre.	Ich brauche den Arzt deines Vaters.
Busco **al** gato blanco de Juanita.	Ich suche die weiße Katze von Juanita.

Merke: Die spanische Deklination hat noch zwei andere Fälle, nämlich den **Vokativ** (Anredefall) und den **Ablativ** (Woherfall), die aber im Hinblick auf den Sprachgebrauch keiner besonderen Erläuterungen bedürfen.

Verkleinerungs- und Vergrößerungsformen – Diminutivos y aumentativos

- Manche Substantive (auch Adjektive und Adverbien) werden manchmal in der **Verkleinerungsform** verwendet. Dadurch verleiht man ihnen z.B. eine Nebenbedeutung der Sympathie, Zärtlichkeit oder Anhänglichkeit. Sie enden dann vor allem auf **-ito (-ita)**, **-cito (-cita)**, **-ico (-ica)**, **-cico (-cica)**, **-illo (-illa)**, **-cillo (-cilla)** und werden im Singular und im Plural gebraucht.

pajar**ito**, pajar**ico**, pajar**illo**	kleiner Vogel
pastor**cito**, pastor**cico**, **pastorcillo**	kleiner Hirt

- Manche Substantive werden ab und zu in der **Vergrößerungsform** gebraucht. Damit will man eine Nebenbedeutung der Größe in einem subjektiven Aspekt betonen. Sie enden dann vor allem auf **-ón (-ona)**, **-azo (-aza)**, **-ote (-ota)** und werden im Singular und im Plural gebraucht.

hombr**ón**, hombr**azo**, hombr**ote**	(körperlich) großer Mann
cas**ona**	geräumiges Haus
man**azas**	Riesenhände
palab**rota**	Schimpfwort

- Einige Substantivendungen auf **-aco (-aca)** und **-ucho (-ucha)** bedeuten Geringschätzung, z.B.:

libr**aco**	großes (und schlechtes) Buch
bibliotec**ucha**	schäbige, schlechte Bibliothek

- Man muß Verkleinerungs-, Vergrößerungs- und Geringschätzungsformen von anderen Substantiven unterscheiden, die die gleiche Endung haben, jedoch weder Verkleinerung noch Vergrößerung oder Geringschätzung ausdrücken, z. B.:

sacerdote	Priester	rito	Ritus
hugonote	Hugenotte	rico	reich
brazo	Arm	taza	Tasse

- Die Verkleinerungsform wird viel häufiger als die Vergrößerungsform gebraucht. Die Geringschätzungsform kommt selten vor.

Das Adjektiv (Eigenschaftswort) – El adjetivo

Weibliche und männliche Formen

- Im Spanischen enden die meisten Adjektive in der männlichen Form auf **-o**, in der weiblichen Form auf **-a**.

männlich	el chico simpático un vaso pequeño	der nette Junge ein kleines Glas
weiblich	la chica simpática una casa pequeña	das nette Mädchen ein kleines Haus

- Die Adjektive auf **-or**, **-án**, **-ín**, **-ón** hängen bei der weiblichen Form ein **-a** an.

männlich	un señor conservador el niño holgazán un niño chiquitín el niño dormilón	ein konservativer Mann der faule kleine Junge ein ganz kleiner Junge die kleine Schlafmütze (Junge)
weiblich	una señora conservadora la niña holgazana una niña chiquitina la niña dormilona	eine konservative Frau das faule kleine Mädchen ein ganz kleines Mädchen die kleine Schlafmütze (Mädchen)

- Die Adjektive auf **-e** sind in der männlichen und weiblichen Form gleich.

männlich	un muchacho inteligente un hombre pobre	ein intelligenter Junge ein armer Mann
weiblich	una muchacha inteligente una mujer pobre	ein intelligentes Mädchen eine arme Frau

- **Nationalitätsadjektive** bilden in der Regel die weibliche Form auf **-a**.

männlich	un libro francés un coche español el chico alemán	ein französisches Buch ein spanisches Auto der deutsche Junge
weiblich	una revista francesa una bicicleta española la chica alemana	eine französische Zeitschrift ein spanisches Fahrrad das deutsche Mädchen

Ausnahmen sind z.B. *belga, hindú, árabe, marroquí* (männliche und weibliche Form sind gleich).

männlich	el franco belga un texto hindú el jarro árabe un sillón marroquí	der belgische Franc ein Hindutext der arabische Krug ein marokkanischer Sessel
weiblich	la canción belga una flauta hindú la alfombra árabe una mesa marroquí	der belgische Schlager eine Hinduflöte der arabische Teppich ein marokkanischer Tisch

- Alle übrigen Adjektive sind in der männlichen und weiblichen Form gleich.

männlich	un jersey azul un texto fácil	ein blauer Pullover ein leichter Text
weiblich	una falda azul una tarea fácil	ein blauer Rock eine leichte Aufgabe

Substantivierte Adjektive

In Verbindung mit "lo" ist das Adjektiv substantiviert und bedeutet immer etwas Abstraktes.

lo bueno del caso lo difícil del asunto	das Gute an der Sache das Schwierige bei der Angelegenheit

Verkleinerung und Vergrößerung der Adjektive

Auch Adjektive können Verkleinerungs- und Vergrößerungsformen haben, z.B.: *chico* klein, *chiquito* sehr klein, *pequeño* klein, *pequeñito* sehr klein; *pobre* arm, *pobrecito* ganz arm.

Pluralbildung

- Die Pluralbildung erfolgt wie beim Substantiv.

los vinos caros las plantas verdes los autores españoles	die teuren Weine die grünen Pflanzen die spanischen Schriftsteller

- Die Adjektive stimmen in Geschlecht und Zahl mit dem Substantiv überein.

als Beifügung		als Satzaussage	
el bolso blanco	die weiße Tasche	El bolso es blanco.	Die Tasche ist weiß.
la mesa redonda	der runde Tisch	La mesa es redonda.	Der Tisch ist rund.
los zapatos baratos	die billigen Schuhe	Los zapatos son baratos.	Die Schuhe sind billig.
los vasos limpios	die sauberen Gläser	Los vasos están limpios.	Die Gläser sind sauber.

- Bezieht sich das Adjektiv auf männliche und weibliche Substantive gleichzeitig, wird die männliche Pluralform verwendet.

Juan y María están casados. Los cuadernos y las carpetas son nuevos.	Juan und Maria sind verheiratet. Die Hefte und die Mappen sind neu.

Stellung des Adjektivs

- Im Gegensatz zum Deutschen steht das Adjektiv meistens **hinter dem Substantiv**.

la mesa redonda/larga/cuadrada un coche alemán/francés/nuevo	der runde/lange/viereckige Tisch ein deutsches/französisches/neues Auto

- **Vor dem Substantiv** steht ein Adjektiv immer dann
  – wenn es eine typische Eigenschaft bezeichnet
  – wenn es eine besonders hervorgehobene Bedeutung hat
  – wenn es im übertragenen Sinn gebraucht wird

la dulce miel un pobre hombre la alta sociedad	der süße Honig ein armer (bedauernswerter) Kerl die oberen Zehntausend
Aber:	
una mermelada muy dulce un hombre pobre el taburete alto	eine sehr süße Marmelade ein armer Mann (ohne Geld) der hohe Barhocker

- Vor dem Substantiv stehen meistens **malo** schlecht und **bueno** gut. Sie verlieren dann im Singular männlich die Endung **-o**:

un mal vino un buen amigo	ein schlechter Wein ein guter Freund

- **Grande** groß (im Sinne von „großartig“) wird im Singular männlich und weiblich auf **gran** verkürzt:

un gran libro una gran señora	ein hervorragendes Buch eine großartige Frau

Aber: *un árbol grande* ein großer Baum

- Die Mengenadjektive **mucho**, **poco**, **tanto** sowie **otro** werden immer dem Substantiv vorangestellt.
  Ebenso **el mismo**, **la misma** derselbe, dieselbe.

muchos libros poca gente tantas casas otra taza de café otra chica las mismas dificultades el mismo disco	viele Bücher wenige Leute so viele Häuser noch eine Tasse Kaffee ein anderes Mädchen dieselben Schwierigkeiten dieselbe Schallplatte

(Für “alguno”, “ninguno” siehe das indefinite Pronomen.)

Komparativ und Superlativ (Vergleichsformen) **des Adjektivs** – Comparativo y superlativo

muy

- „sehr“ beim Adjektiv heißt **muy**

un libro muy interesante una chica muy guapa	ein sehr interessantes Buch ein sehr hübsches Mädchen

tan... como

- „so/ebenso ... wie“ heißt **tan... como**

La película es tan interesante como el libro. María es tan inteligente como Francisco.	Der Film ist so interessant wie das Buch. Maria ist ebenso intelligent wie Francisco.

Regelmäßige Steigerung

- Die regelmäßige Steigerung des Adjektivs wird im Komparativ mit **más... que**, im Superlativ mit **el más...**, **la más...**, **los más...**, **las más...** gebildet.

Positiv	barato	billig
Komparativ	más barato (que)	billiger (als)
Superlativ	el más barato, la más barata	der/die/das billigste

Este cuadro es feo. Este cuadro es más bonito. Este cuadro es el más caro (de todos).	Dieses Bild ist häßlich. Dieses Bild ist schöner als das andere. Dieses Bild ist das teuerste (von allen).

Merke: *¡Qué libro más interesante! ¡Qué libro tan interesante!*
Was für ein interessantes Buch!

- **-ísimo** bedeutet den höchsten Grad der Steigerung.

Este pan está durísimo.	Dieses Brot ist steinhart.
Esta blusa es carísima.	Diese Bluse ist außerordentlich teuer.

Beachte: vor **-ísimo** verändern sich die Adjektive auf **-ble**, **-co**, **-go**, **-guo** orthographisch bzw. phonetisch: simpático → simpati**qu**ísimo äußerst nett, largo → lar**gu**ísimo außerordentlich lang, amable → ama**bil**ísimo außerordentlich liebenswürdig, antiguo → anti**qu**ísimo sehr, sehr alt.

Unregelmäßige Steigerung

- **Bueno** gut, **malo** schlecht, **grande** groß, **pequeño** klein haben unregelmäßige Steigerungsformen, die sehr häufig gebraucht werden; die regelmäßigen Steigerungsformen werden auch verwendet.

Positiv		Komparativ		Superlativ	
bueno	gut	mejor/ más bueno (que)	besser als	el/la mejor el más bueno la más buena	der/die/das beste, am besten
malo	schlecht	peor/ más malo (que)	schlechter (als)	el/la peor	der/die/das schlechteste, am schlechtesten
grande	groß	mayor/ más grande (que)	größer (als)	el/la mayor el/la más grande	der/die/das größte, am größten
pequeño	klein	menor/más pequeño (que)	kleiner (als)	el/la menor el más pequeño la más pequeña	der/die/das kleinste, am kleinsten

Estos libros son muy buenos; mejores no hay.	Diese Bücher sind sehr gut; es gibt keine besseren.
Este disco de J. R. es peor que el anterior.	Diese Schallplatte von J. R. ist schlechter als die vorherige.
Esta fue su mayor equivocación.	Dies war sein größter Irrtum.
Tu casa es mucho más grande que la mía.	Dein Haus ist viel größer als meins.
No deben cometer la menor falta.	Sie dürfen nicht den kleinsten (geringsten) Fehler machen.
Mi coche es el mejor de todos.	Mein Wagen ist der beste von allen.

Merke: „am besten", „am größten" usw. ohne Substantiv heißt im Spanischen **lo mejor**, **lo mayor...**: Es ist am besten, wenn du es ihr heute sagst. *Lo mejor es que se lo digas hoy.*

- Ersetzt werden können

buenísimo durch **óptimo**
malísimo durch **pésimo**
grandísimo durch **máximo**
pequeñísimo durch **mínimo**

El café de esta mañana era pésimo.	Der Kaffee von heute früh war sehr schlecht.
La carne argentina es de óptima calidad.	Das argentinische Fleisch ist von bester Qualität.
No hace ni el mínimo esfuerzo.	Er macht sich nicht die geringste Mühe.
La temperatura máxima en agosto es de 25 grados.	Die höchste Temperatur im August beträgt 25 Grad.

- **Grande** im Sinne von „großartig" wird regelmäßig gesteigert.
- **mayor** und **menor** können sich auch auf das Alter von Menschen beziehen.

su hija mayor	seine älteste Tochter
Pepe es menor que Paco.	Pepe ist jünger als Paco.
Antonia es la mayor de los hermanos.	Antonia ist die älteste von den Geschwistern.

Merke: *"mayor de edad"* = volljährig; *"menor de edad"* = minderjährig.

Die Zahlwörter – Los números

Grundzahlen – Números cardinales

0	cero	30	treinta
1	uno/un/una	31	treinta y uno/un/una
2	dos	32	treinta y dos
3	tres	33	treinta y tres
4	cuatro		etc.
5	cinco	40	cuarenta
6	seis	41	cuarenta y uno/un/una
7	siete		etc.
8	ocho	50	cincuenta
9	nueve	60	sesenta
10	diez	70	setenta
11	once	80	ochenta
12	doce	90	noventa
13	trece	100	cien, ciento
14	catorce	101	ciento uno
15	quince	102	ciento dos
16	dieciséis	103	ciento tres
17	diecisiete		etc.
18	dieciocho	199	ciento noventa y nueve
19	diecinueve	200	doscientos/doscientas
20	veinte	300	trescientos/trescientas
21	veintiuno/una	400	cuatrocientos/cuatrocientas
	(veintiún niños)	500	quinientos/quinientas
22	veintidós	600	seiscientos/seiscientas
23	veintitrés	700	setecientos/setecientas
24	veinticuatro	800	ochocientos/ochocientas
25	veinticinco	900	novecientos/novecientas
26	veintiséis	1000	mil
27	veintisiete	2000	dos mil
28	veintiocho	3000	tres mil
29	veintinueve		etc.

100.000	cien mil
200.000	doscientos, doscientas mil
	etc.
1.000.000	un millón
2.000.000	dos millones
	etc.
1.000.000.000	mil millones
1.000.000.000.000	un billón, un millón de millones

Gebrauch der Grundzahlen

- **Uno** wird grundsätzlich zu **un** verkürzt, wenn ein (männliches) Substantiv folgt.

un marco veinti**ún** marcos	eine Mark 21 Mark	treinta y **un** libros noventa y **un** coches	31 Bücher 91 Autos

Aber: treinta y una pesetas 31 Peseten.

- **y** (**i** bei 16 bis 19 und bei 21 bis 29) steht nur zwischen Zehnern und Einern.

dieci**s**éis libros veint**i**ocho tazas	16 Bücher 28 Tassen	treinta **y** dos pesetas cuarenta **y** seis periódicos	32 Peseten 46 Zeitungen

Aber: ciento veinte páginas 120 Seiten, ciento ochenta francos 180 Francs.

- 100 heißt meist **cien**. Aber als alleinstehende Zahl kann es auch **ciento** heißen.

cien marcos cien mil pesetas	100 Mark 100.000 Peseten	– ¿Tienes cien marcos? – Sí, justo cien(to).	Hast du 100 Mark? Ja, genau hundert.

- Von 101 bis 199 heißt 100 grundsätzlich **ciento**, gleichgültig, ob ein männliches oder ein weibliches Substantiv folgt.

ciento diez pesetas ciento treinta marcos	110 Peseten 130 Mark	ciento treinta y cinco francos ciento noventa y nueve pesos	135 Franc 199 Pesos

- Von 200 bis 999 verändern sich die „Hunderter“ entsprechend dem Geschlecht des Substantivs, auf das sie sich beziehen (auch bei zusammengesetzten Zahlen!).

doscientas casas doscientos libros quinientas bicicletas quinientos coches	200 Häuser 200 Bücher 500 Fahrräder 500 Autos	setecientos teléfonos setecientas hojas novecientas mil pesetas	700 Telefone 700 Blätter 900.000 Peseten

- **Mil** als Zahl ist unveränderlich.

tres mil marcos veinte mil personas	3000 Mark 20.000 Personen	cien mil dólares ciento ocho mil coronas	100.000 Dollar 108.000 Kronen

Merke: *miles de hombres* Tausende von Menschen, *miles y miles* Tausende und Abertausende.

- **Millón**, **millones** als runde Zahlen haben stets **de** vor dem nachfolgenden Substantiv.

un millón de marcos	1.000.000 Mark
veinte millones de pesetas	20.000.000 Peseten
cien millones de personas	100.000.000 Menschen

Aber: un millón ochocientos mil habitantes 1.800.000 Einwohner
tres millones quinientas mil pesetas 3.500.000 Peseten

Merke: *mil millones* = eine Milliarde.

Jahreszahl

Im Gegensatz zum Deutschen wird die Jahreszahl *(el año)* wie jede andere Zahl gelesen (also nicht z. B. „neunzehnhundert", sondern):

1950	mil novecientos cincuenta
1492	mil cuatrocientos noventa y dos
1512	mil quinientos doce
1988	mil novecientos ochenta y ocho

Datum

Für das Datum werden mit Ausnahme des 1. Tages im Monat immer die **Grundzahlen + de** verwendet.
Die Jahreszahlen werden ebenfalls mit **de** angeschlossen.

el dieciséis **de** mayo **de** 1960	16-5-1960	der/am 16. 5. 1960
el veintisiete **de** agosto **de** 1988	27-8-1988	der/am 27. 8. 1988
el uno/primero **de** abril **de** 1988	1-4-1988	der/am 1. 4. 1988

Merke: Das Datum wird im Spanischen mit Bindestrich geschrieben (in diesem Fall wird die Abkürzung 1º nicht verwendet).
„Vierzehn Tage" heißt im Spanischen "quince días".

Jahrhundert

Zur Angabe des Jahrhunderts werden ebenfalls die Grundzahlen gebraucht (geschrieben werden römische Zahlen ohne Punkt).

en el siglo XX (veinte)	im 20. Jahrhundert
el siglo XVIII (dieciocho)	das 18. Jahrhundert

Alter

Das Alter wird im Spanischen mit **tener** angegeben.

– ¿Cuántos años tiene tu hijo?	Wie alt ist dein Sohn?
– Pepe tiene ahora cinco años.	Pepe ist jetzt 5 Jahre alt.

Uhrzeit

- ¿Qué hora es? Wie spät ist es?/Wieviel Uhr ist es?

Es la una.	Es ist ein Uhr.	**Son** las diez.	Es ist zehn Uhr.
Son las dos.	Es ist zwei Uhr.	**Son** las tres y cinco.	Es ist fünf nach drei.

- ¿A qué hora? Um wieviel Uhr?

A **la** una.	Um ein Uhr.	A **las** diez.	Um zehn Uhr.
A **las** dos.	Um zwei Uhr.	A **las** cinco y diez.	Um zehn nach fünf.

- Bis zur halben Stunde werden Minuten, Viertel- und halbe Stunde mit **y** und angeschlossen, danach mit **menos** weniger.

Es la una **y** cinco (minutos).	Es ist fünf nach eins.	1.05; 13.05
Es la una **y** cuarto.	Es ist viertel nach eins.	1.15; 13.15
Son las cinco **y** media.	Es ist halb sechs.	5.30; 17.30
Son las nueve **menos** cuarto.	Es ist viertel vor neun.	8.45; 20.45
Son las siete **y** diez.	Es ist zehn nach sieben.	7.10; 19.10
Son las siete **y** veinticinco.	Es ist fünf vor halb acht.	7.25; 19.25
Son las ocho **menos** veinticinco.	Es ist fünf nach halb neun.	8.35; 20.35
Es la una **menos** cinco.	Es ist fünf vor eins.	0.55; 12.55

In der Umgangssprache gebraucht man die Zahlen 1–12. Entsprechend der Tageszeit (ja sogar des Tageslichtes) wird bis ca. 5.00 morgens *de la madrugada*, danach *de la mañana, de la tarde, de la noche* (nach Einbruch der Dunkelheit) hinzugefügt.
13.00 bis 24.00 wird in der Regel bei amtlichen Zeitangaben verwendet (Radio, Fernsehen, Abfahrts- und Ankunftszeiten).

Ordnungszahlen – Números ordinales

1º	primero (primer), primera	der/die erste
2º	segundo, segunda	der/die zweite
3º	tercero (tercer), tercera	der/die dritte
4º	cuarto, cuarta	der/die vierte
5º	quinto, quinta	der/die fünfte
6º	sexto, sexta	der/die sechste
7º	séptimo, séptima	der/die siebte
8º	octavo, octava	der/die achte
9º	noveno, novena	der/die neunte
10º	décimo, décima	der/die zehnte
11º	undécim/o,-a*	der/die elfte
12º	duodécim/o,-a	der/die zwölfte
13º	decimotercero (decimotercer), decimotercera	der/die dreizehnte
14º	decimocuart/o,-a	der/die vierzehnte
20º	vigésim/o,-a	der/die zwanzigste
21º	vigesimoprimero (vigesimoprimer), vigesimoprimera	einundzwanzigste
	etc.	usw.
30º	trigésim/o,-a	der/die dreißigste
40º	cuadragésim/o,-a	der/die vierzigste
50º	quincuagésim/o,-a	der/die fünfzigste
60º	sexagésim/o,-a	der/die sechzigste
70º	septuagésim/o,-a	der/die siebzigste
80º	octogésim/o,-a	der/die achtzigste
90º	nonagésim/o,-a	der/die neunzigste
100º	centésim/o,-a	der/die hundertste
1000º	milésim/o,-a	der/die tausendste
1.000.000º	millonésim/o,-a	der/die millionste
	etc.	usw.

* Ab der Ordnungszahl „der/die 11." wird fast ausschließlich die Grundzahl verwendet.

en la página once el capítulo dieciséis	auf Seite 11 das 16. Kapitel	Alfonso XIII (trece) Juan XXIII (veintitrés)	Alfons XIII. Johannes XXIII.

Aber: Carlos V (quinto) Karl V.
(Bei Herrschern, Päpsten usw. stehen im Spanischen römische Zahlen ohne Punkt; bis X wird die Ordnungszahl gelesen.)

- Ordnungszahlen stehen meist vor dem Substantiv und richten sich in Geschlecht und Zahl nach diesem.

las dos primeras letras	die beiden ersten Buchstaben
Es mi segundo viaje.	Es ist meine zweite Reise.

- **Primero** und **tercero** werden vor einem Substantiv (männlich) zu **primer** und **tercer** verkürzt.

– Tú vives en el tercer piso ¿no?	Du wohnst im 3. Stock, nicht wahr?
– Vivo en el primero, no en el tercero.	Ich wohne im 1., nicht im 3. Stock.

- **Primero, segundo** ... als Adverb (erstens, zweitens ...) ist unveränderlich. Man sagt auch statt dessen **en primer/segundo/tercer... lugar.**

Bruchzahlen – Números fraccionarios

½ medio, media	halb	¾ tres cuartos	drei Viertel
⅓ un tercio	ein Drittel	⅖ dos quintos	zwei Fünftel
¼ un cuarto	ein Viertel	⅛ un octavo	ein Achtel

Beachte: medio nie mit unbestimmtem Artikel!

¡Espérate media hora!	Warte eine halbe Stunde!
¡Déme un cuarto (de kilo) de mantequilla!	Geben Sie mir ein halbes Pfund Butter!
Necesito un kilo y medio de peras.	Ich brauche anderthalb Kilo Birnen.

Merke: la mitad = die Hälfte.

Bei anderen Bruchzahlen als "medio" und "cuarto" wird sehr häufig die Umschreibung mit **...parte** gebraucht.

la tercera parte de la población	ein Drittel der Bevölkerung
una quinta parte del terreno	ein Fünftel des Grundstücks

Prozentzahlen – Tanto por ciento

…% = **el… por ciento**

el 25 % (veinticinco por ciento) de la población	25 % der Bevölkerung
un descuento del 3 %	3 % Ermäßigung, ein 3 %iger Preisnachlaß

In besonderen Fällen kann auch der unbestimmte Artikel vor der Zahl stehen.

Le concedemos un 10 % de rebaja.	Wir gewähren Ihnen 10 % Rabatt.

Merke: Wieviel Prozent? = *¿Qué porcentaje?, ¿Qué tanto por ciento?*

Das Verb (Zeitwort) – El verbo

Allgemeines

(Zur Verwendung des Personalpronomens als Subjekt und Stellung des Pronomens im Dativ und Akkusativ siehe unter **Das Pronomen**, Seiten 111–115.)

- Im Spanischen geben die Endungen an, um welche Person es sich jeweils handelt.
- Die Höflichkeitsform „Sie" heißt **Usted (Ud./Vd.)** im Singular, **Ustedes (Uds./Vds.)** im Plural und wird mit der 3. Person Singular bzw. Plural verbunden. Im Gegensatz zu den anderen Pronomen im Nominativ (yo, tú, él etc.), die wenig in Verbindung mit Verben verwendet werden, wird **Usted** sehr wohl gebraucht.

Infinitiv (Grundform) – Infinitivo

- Die spanischen Verben enden im Infinitiv auf -ar, -er oder -ir.
- Infinitiv II wird gebildet mit dem Infinitiv I von **haber** und dem Partizip Perfekt: *haber cantado* gesungen haben, *haber ido* gegangen sein.

Indikativ (Wirklichkeitsform) – Indicativo

Präsens (Gegenwart) – Presente

ser – estar – tener – haber

Präsens	ser sein	estar sein, sich befinden, liegen	
yo	soy	estoy	ich bin
tú	eres	estás	du bist
él/ella/usted	es	está	er/sie/es ist, Sie sind
nosotros/nosotras	somos	estamos	wir sind
vosotros/vosotras	sois	estáis	ihr seid
ellos/ellas/ustedes	son	están	sie sind, Sie sind

Präsens	tener haben, besitzen	haber*	haben (nur Hilfsverb)
yo	tengo	he	ich habe
tú	tienes	has	du hast
él/ella/usted	tiene	ha	er/sie/es hat, Sie haben
nosotros/nosotras	tenemos	hemos	wir haben
vosotros/vosotras	tenéis	habéis	ihr habt
ellos/ellas/ustedes	tienen	han	sie haben, Sie haben

* **haber** wird nur in zusammengesetzten Zeiten verwendet. Eine Ausnahme bildet das von **haber** abgeleitete **hay** (es gibt, da sind). (Vgl. Seite 102.)

Regelmäßige Bildung

- Das regelmäßige Präsens wird gebildet durch Anhängen folgender Endungen an den Stamm (Infinitiv minus -ar, -er, -ir):

Verben auf **-ar**

	Endungen	comprar	kaufen
yo	-o	compr**o**	ich kaufe
tú	-as	compr**as**	du kaufst
él/ella/usted	-a	compr**a**	er/sie/es kauft, Sie kaufen
nosotros/nosotras	-amos	compr**amos**	wir kaufen
vosotros/vosotras	-áis	compr**áis**	ihr kauft
ellos/ellas/ustedes	-an	compr**an**	sie/Sie kaufen

Verben auf **-er, -ir**

Endungen	creer	glauben	escribir	schreiben
-o	cre**o**	ich glaube	escrib**o**	ich schreibe
-es	cre**es**	du glaubst	escrib**es**	du schreibst
-e	cre**e**	er/sie/es glaubt, Sie glauben	escrib**e**	er/sie/es schreibt, Sie schreiben
-emos/-imos	cre**emos**	wir glauben	escrib**imos**	wir schreiben
-éis/-ís	cre**éis**	ihr glaubt	escrib**ís**	ihr schreibt
-en	cre**en**	sie/Sie glauben	escrib**en**	sie/Sie schreiben

Gruppenverben

1. Verben mit Diphthong

Bei einigen Verben wird in den stammbetonten Formen der Stammvokale **e** zu **ie**, **o** zu **ue**; je nach Infinitivendung gelten die bereits bekannten Endungen des Präsens.

cerrar schließen	encontrar finden	querer wollen, lieben
c**ie**rro	enc**ue**ntro	qu**ie**ro
c**ie**rras	enc**ue**ntras	qu**ie**res
c**ie**rra	enc**ue**ntra	qu**ie**re
cerramos	encontramos	queremos
cerráis	encontráis	queréis
c**ie**rran	enc**ue**ntran	qu**ie**ren

volver zurückkommen	preferir vorziehen	dormir schlafen
v**ue**lvo	pref**ie**ro	d**ue**rmo
v**ue**lves	pref**ie**res	d**ue**rmes
v**ue**lve	pref**ie**re	d**ue**rme
volvemos	preferimos	dormimos
volvéis	preferís	dormís
v**ue**lven	pref**ie**ren	d**ue**rmen

Einige wichtige Verben dieser Gruppe:

apretar — drücken
atravesar — überqueren
calentar — wärmen, heizen
comenzar — beginnen
confesar — beichten
despertarse — aufwachen
empezar — beginnen
gobernar — regieren
negar — bestreiten
pensar — (nach)denken
recomendar — empfehlen
sentarse — sich setzen
usw.

acordar — vereinbaren
acostarse — sich hinlegen
aprobar — billigen
colgar — (auf)hängen
comprobar — überprüfen
contar — (er)zählen
costar — kosten
mostrar — zeigen
probar — (an)probieren
recordar — (sich) erinnern
rogar — bitten, beten
sonar — klingeln
soñar — träumen
volar — fliegen
usw.

defender — verteidigen
descender — hinuntergehen
encender — anzünden
entender — verstehen
perder — verlieren
usw.

doler	weh tun	arrepentirse	bereuen
morder	beißen	convertir en	machen zu
mover	bewegen	convertirse en	werden zu
poder	können, dürfen	herir	verletzen
resolver	lösen	mentir	lügen
soler (hacer)	pflegen (etwas zu tun)	sentir	fühlen, bedauern

alle Zusammensetzungen von volver, z.B. devolver zurückgeben, usw.

adquirir	erwerben
advertir	aufmerksam machen

alle Zusammensetzungen von -vertir, -herir, -ferir, z.B. invertir investieren, referirse a sich beziehen auf, usw.

morir(se)	sterben

Merke: Bei **jugar** spielen wird das Stamm-**u** in den stammbetonten Formen zu **-ue**: j**ue**go, j**ue**gas, j**ue**ga, jugamos, jugáis, j**ue**gan.

2. Verben mit Vokaländerung

Bei einigen Verben auf **-ir** wird in den stammbetonten Formen der Stammvokal **e** zu **i**.

Einige wichtige Verben dieser Gruppe:

conseguir	erreichen, erlangen
despedirse	sich verabschieden
elegir	wählen
impedir	verhindern
reírse de	lachen über
repetir	wiederholen
seguir	folgen, fortfahren
servir	dienen
vestirse	sich anziehen

alle Zusammensetzungen mit -pedir (-petir), -seguir, z.B. perseguir verfolgen

pedir bitten
p**i**do
p**i**des
p**i**de
pedimos
pedís
p**i**den

3. Verben mit Betonungsänderung

Bei einigen Verben auf **-iar** und **-uar** werden in den stammbetonten Formen **í** bzw. **ú** betont und erhalten daher einen Akzent.

Einige wichtige Verben dieser Gruppe:

ampliar	erweitern
confiar	(an)vertrauen
guiar	führen
variar	schwanken, variieren
acentuar	betonen
continuar	fortfahren, fortsetzen
efectuar	ausführen
insinuar	andeuten

enviar schicken	actuar handeln
env**í**o	act**ú**o
env**í**as	act**ú**as
env**í**a	act**ú**a
enviamos	actuamos
enviáis	actuáis
env**í**an	act**ú**an

4. construir

Bei einigen Verben auf **-ir** wird – außer in der 1. Person und 2. Person Plural (-imos, -ís) – ein **y** vor der jeweiligen Endung eingeschoben.

Einige wichtige Verben dieser Gruppe:

concluir	(ab)schließen
constituir	bilden, darstellen
contribuir	beitragen
destruir	zerstören
disminuir	vermindern
excluir	ausschließen
huir	fliehen
incluir	einschließen
influir en	etwas beeinflussen
sustituir	ersetzen

construir bauen errichten
constru**y**o constru**y**es constru**y**e construimos construís constru**y**en

5. ofrecer

Die Verben auf **-acer** (außer hacer machen), **-ecer**, **-ocer**, **-ucir** haben in der Regel in der 1. Person Singular **-zc-** anstelle von **-c-**; die übrigen Personen sind regelmäßig.

ofrecer anbieten		conocer kennen(lernen)		conducir fahren, führen	
ofre**zc**o ofreces ofrece …	ich biete an usw.	cono**zc**o conoces conoce …	ich kenne usw.	condu**zc**o conduces conduce …	ich fahre usw.

Einige wichtige Verben dieser Gruppe:

nacer	geboren werden	obedecer	gehorchen
agradecer	(ver)danken	padecer de	leiden an
aparecer	erscheinen	parecer	(er)scheinen
crecer	wachsen	permanecer	bleiben
desaparecer	verschwinden	pertenecer	gehören
merecer	verdienen	reconocer	(an)erkennen

Imperfekt (Vergangenheitsform) – Imperfecto

Regelmäßige Bildung

Verben auf **-ar**

Endungen	comprar	kaufen
-aba	compr**aba**	ich kaufte
-abas	compr**abas**	usw.
-aba	compr**aba**	
-ábamos	compr**ábamos**	
-abais	compr**abais**	
-aban	compr**aban**	

Verben auf **-er**, **-ir**

Endungen	creer	glauben	escribir	schreiben
-ía	cre**ía**	ich glaubte	escrib**ía**	ich schrieb
-ías	cre**ías**	usw.	escrib**ías**	usw.
-ía	cre**ía**		escrib**ía**	
-íamos	cre**íamos**		escrib**íamos**	
-íais	cre**íais**		escrib**íais**	
-ían	cre**ían**		escrib**ían**	

Beachte: Die 1. und 3. Person haben jeweils die gleiche Endung. Um welche Person es sich handelt, ergibt sich aus dem Zusammenhang. In der 2. Person Plural der Verben auf -ar wird -ạbais betont.

ser – ir – ver

ser	sein	ir	gehen (fahren)	ver	sehen
era	ich war	iba	ich ging	veía	ich sah
eras	usw.	ibas	usw.	veías	usw.
era		iba		veía	
éramos		íbamos		veíamos	
erais		ibais		veíais	
eran		iban		veían	

Mit Ausnahme dieser drei Verben – **ser, ir, ver** – wird das Imperfekt aller Verben nach dem regelmäßigen Modell gebildet.

Historisches Perfekt – Indefinido

Regelmäßige Bildung

Verben auf **-ar**

Endungen	hablar	sprechen
-é	habl**é**	ich sprach, ich habe gesprochen
-aste	habl**aste**	usw.
-ó	habl**ó**	
-amos	habl**amos**	
-asteis	habl**asteis**	
-aron	habl**aron**	

Verben auf **-er**, **-ir**

Endungen	beber	trinken	recibir	erhalten
-í	beb**í**	ich trank,	recib**í**	ich erhielt,
-iste	beb**iste**	ich habe getrunken	recib**iste**	ich habe erhalten
-ió	beb**ió**	usw.	recib**ió**	usw.
-imos	beb**imos**		recib**imos**	
-isteis	beb**isteis**		recib**isteis**	
-ieron	beb**ieron**		recib**ieron**	

Besonderheiten

empezar – buscar – pagar – leer – construir

- Bei Verben, deren Stamm auf **-z**, **-c** oder **-g** endet, gelten die Regeln der spanischen Orthographie unverändert, also z. B.
  empezar, **comenzar** beginnen → empe**cé**, comen**cé** (aber empezaste, empezó, empezamos, etc.)
  buscar suchen →bus**qué** (aber buscaste, buscó etc.); **sacar** herausziehen → sa**qué** (aber sacaste, sacó etc.)
  pagar bezahlen → pa**gué** (aber pagaste, pagó etc.); **llegar** ankommen → lle**gué** (aber llegaste, llegó etc.)

- Ein unbetontes **i** zwischen Vokalen wird zu **y**, z. B.
  leer lesen → le**y**ó, le**y**eron (aber leí, leíste, leímos, leísteis); **creer** glauben → cre**y**ó, cre**y**eron (aber creí, creíste, creímos, creísteis); **caer** fallen → ca**y**ó, ca**y**eron (aber caí, caíste, caímos, caísteis)
  construir bauen → constru**y**o, constru**y**eron (aber construí, construiste, construimos, construisteis)

pedir

Eine Besonderheit bilden eine Reihe von Gruppenverben auf **-ir**, bei denen im Präsens in den stammbetonten Formen der Stammvokal **e** zu **ie** bzw. zu **i** wird. Diese Verben haben in der **3. Person Singular und Plural** ebenfalls ein **i** anstelle des Stamm **-e** (die übrigen Personen sind regelmäßig).

pedir	bitten, bestellen	
pedí pediste p**i**dió	ich bat, ich habe gebeten usw.	pedimos pedistes p**i**dieron

preferir	vorziehen, lieber haben	
preferí preferiste pref**i**rió	ich zog vor, ich habe vorgezogen usw.	preferimos preferisteis pref**i**rieron

Ebenso alle Verben, die wie **preferir** oder **pedir** konjugiert werden (vgl. Seiten 47–48).

Auch **dormir** schlafen, **morir** sterben haben in der 3. Person Singular und Plural als Besonderheit die Verwendung von **u** anstatt des Stammvokals **o**: d**u**rmió, d**u**rmieron, m**u**rió, m**u**rieron (aber dormí, dormiste, dormimos, dormisteis).

Futur I (Unvollendete Zukunft) – Futuro imperfecto

Verben auf **-ar, -er, -ir**

Endungen	ganar gewinnen, verdienen	comer essen	vivir leben, wohnen
-é	ganar**é** ich werde gewinnen usw.	comer**é** ich werde essen usw.	vivir**é** ich werde wohnen usw.
-ás	ganar**ás**	comer**ás**	vivir**ás**
-á	ganar**á**	comer**á**	vivir**á**
-emos	ganar**emos**	comer**emos**	vivir**emos**
-éis	ganar**éis**	comer**éis**	vivir**éis**
-án	ganar**án**	comer**án**	vivir**án**

Konditional I (Bedingungsform) – Condicional simple

Verben auf **-ar, -er, -ir**

Endungen	ganar gewinnen, verdienen	comer essen	vivir leben, wohnen
-ía	ganar**ía** ich würde gewinnen usw.	comer**ía** ich würde essen usw.	vivir**ía** ich würde leben usw.
-ías	ganar**ías**	comer**ías**	vivir**ías**
-ía	ganar**ía**	comer**ía**	vivir**ía**
-íamos	ganar**íamos**	comer**íamos**	vivir**íamos**
-íais	ganar**íais**	comer**íais**	vivir**íais**
-ían	ganar**ían**	comer**ían**	vivir**ían**

Unregelmäßiges Futur und Konditional

Bei einigen unregelmäßigen Verben wird der **Infinitiv-Stamm** des Futurs und Konditionals verändert.

Einige wichtige Verben:

		Futur I		Konditional I	
decir	sagen	diré	ich werde	diría	ich würde
haber	haben	habré	sagen	habría	sagen
hacer	machen, tun	haré	usw.	haría	usw.
poder	können, dürfen	podré		podría	
poner	setzen, legen, stellen	pondré		pondría	
querer	wollen, lieben	querré		querría	
saber	wissen	sabré		sabría	
salir	weggehen, fahren	saldré		saldría	
tener	haben, besitzen	tendré		tendría	
venir	kommen	vendré		vendría	

Perfekt (Vollendete Gegenwart) – Perfecto

Regelmäßige Bildung

- Das Perfekt setzt sich zusammen aus dem Präsens von **haber** und dem Partizip Perfekt (Mittelwort der Vergangenheit).

- Das Partizip Perfekt der regelmäßigen Verben wird gebildet durch Anhängen folgender Endungen an den Stamm:
  Verben auf **-ar** → **-ado**
  Verben auf **-er, -ir** → **-ido**

tomar nehmen	vender verkaufen	recibir erhalten
he tomado ich habe genommen usw.	he vendido ich habe verkauft usw.	he recibido ich habe erhalten usw.
has tomado ha tomado hemos tomado habéis tomado han tomado	has vendido ha vendido hemos vendido habéis vendido han vendido	has recibido ha recibido hemos recibido habéis recibido han recibido

- Die zusammengesetzten Zeiten werden ausschließlich mit dem Hilfsverb **haber** gebildet, also z. B. ich bin gegangen = **he** ido; ich bin gewesen = **he** estado/**he** sido.
- In Verbindung mit **haber** ist das Partizip Perfekt grundsätzlich unveränderlich.
- Das Partizip Perfekt kann auch wie ein Adjektiv verwendet werden. In diesem Fall ist es veränderlich: *los libros vendidos* die verkauften Bücher, *la casa construida el año pasado* das im letzten Jahr gebaute Haus.

Unregelmäßige Partizipien

Einge wichtige unregelmäßige Partizipien:

abrir	abierto	geöffnet
cubrir	cubierto	bedeckt
decir	dicho	gesagt
devolver	devuelto	zurückgegeben
escribir	escrito	geschrieben
hacer	hecho	gemacht, getan
morir	muerto	gestorben
poner	puesto	gelegt, gestellt
resolver	resuelto	gelöst
romper	roto	ge-/zerbrochen
ver	visto	gesehen
volver	vuelto	zurückgekommen

Plusquamperfekt (Vollendete Vergangenheit) –
Pluscuamperfecto

Das Plusquamperfekt wird mit dem Imperfekt von **haber** und dem Partizip Perfekt gebildet.

exportar ausführen	leer lesen	vivir wohnen, leben
había exportado	había leído	había vivido
ich hatte ausgeführt usw.	ich hatte gelesen usw.	ich hatte gewohnt usw.
habías exportado había exportado habíamos exportado habíais exportado habían exportado	habías leído había leído habíamos leído habíais leído habían leído	habías vivido había vivido habíamos vivido habíais vivido habían vivido

Pretérito anterior – Indefinido II

Diese Zeit wird mit dem Indefinido von **haber** und dem Partizip Perfekt gebildet.

tomar	nehmen	comer essen	dormir schlafen
hube tomado hubiste tomado hubo tomado hubimos tomado hubisteis tomado hubieron tomado	ich hatte genommen usw.	hube comido hubiste comido hubo comido hubimos comido hubisteis comido hubieron comido	hube dormido hubiste dormido hubo dormido hubimos dormido hubisteis dormido hubieron dormido

Pretérito anterior wird für Handlungen verwendet, die kurz vor einer anderen (beide in der Vergangenheit) stattfanden.

Futur II (Vollendete Zukunft) – Futuro perfecto

Das Futur II wird mit Futur I von **haber** und dem Partizip Perfekt gebildet.

trabajar arbeiten	comprender verstehen
habré trabajado	habré comprendido
ich werde gearbeitet haben usw.	ich werde verstanden haben usw.
habrás trabajado habrá trabajado habremos trabajado habréis trabajado habrán trabajado	habrás comprendido habrá comprendido habremos comprendido habréis comprendido habrán comprendido

subir	hinaufgehen
habré subido habrás subido habrá subido habremos subido habréis subido habrán subido	ich werde hinaufgegangen sein usw.

Konditional II (Bedingungsform der Vergangenheit) – Condicional compuesto

Das Konditional II setzt sich zusammen aus dem Konditional I von **haber** und dem Partizip Perfekt.

llevar hinbringen	correr rennen
habría llevado	habría corrido
ich würde hingebracht haben, ich hätte hingebracht usw.	ich würde gerannt sein, ich wäre gerannt usw.
habrías llevado habría llevado habríamos llevado habríais llevado habrían llevado	habrías corrido habría corrido habríamos corrido habríais corrido habrían corrido

escribir	schreiben
habría escrito habrías escrito habría escrito habríamos escrito habríais escrito habrían escrito	ich würde geschrieben haben, ich hätte geschrieben usw.

Konjunktiv (Möglichkeitsform) – Subjuntivo

Konjunktiv Präsens

Regelmäßige Bildung

Der Konjunktiv Präsens wird gebildet mit dem Stamm der 1. Person Singular des Indikativ Präsens und folgenden Endungen:

Verben auf **-ar** — Verben auf **-er, -ir**

Endungen	comprar	Endungen	beber	escribir
-e	compr**e***	-a	beb**a**	escrib**a**
-es	compr**es**	-as	beb**as**	escrib**as**
-e	compr**e**	-a	beb**a**	escrib**a**
-emos	compr**emos**	-amos	beb**amos**	escrib**amos**
-éis	compr**éis**	-áis	beb**áis**	escrib**áis**
-en	compr**en**	-an	beb**an**	escrib**an**

* Bedeutung bzw. Übersetzung der Konjunktivformen: s. Seiten 90–95.

Verben mit Diphthong

Die Gruppenverben mit Diphthong **ie** und **ue** (vgl. Seiten 47–48) behalten entsprechend dem Indikativ Präsens in den unbetonten Stammformen der 1. und 2. Person Plural den Stammvokal, z. B.:
poder können → podamos, podáis (aber p**ue**da, p**ue**das, p**ue**da, p**ue**dan)
cerrar schließen → cerremos, cerréis (aber c**ie**rre, c**ie**rres, c**ie**rre, c**ie**rren)
empezar beginnen → empecemos, empecéis (aber emp**ie**ce, emp**ie**ces, emp**ie**ce, emp**ie**cen).

pedir

Verben, die wie **pedir** konjugiert werden (vgl. Seite 48), haben in allen Personen, also auch in der 1. und 2. Person Plural, den veränderten Stammvokal.

pida	pidamos
pidas	pidáis
pida	pidan

Konjunktiv Imperfekt

Regelmäßige Bildung

Der Konjunktiv Imperfekt wird gebildet aus dem Stamm der 3. Person Plural (*com*-ieron, *sal*-ieron, *hic*-ieron …) des Historischen Perfekts (Indefinido) und folgenden Endungen:

Verben auf **-ar**

Endungen			hablar sprechen	
-ara	oder	-ase	habl**ara**	habl**ase**
-aras		-ases	habl**aras**	habl**ases**
-ara		-ase	habl**ara**	habl**ase**
-áramos		-ásemos	habl**áramos**	habl**ásemos**
-arais		-aseis	habl**arais**	habl**aseis**
-aran		-asen	habl**aran**	habl**asen**

Verben auf **-er, -ir**

Endungen		
-iera	oder	-iese
-ieras		-ieses
-iera		-iese
-iéramos		-iésemos
-ierais		-ieseis
-ieran		-iesen

temer fürchten	
tem**iera**	tem**iese**
tem**ieras**	tem**ieses**
tem**iera**	tem**iese**
tem**iéramos**	tem**iésemos**
tem**ierais**	tem**ieseis**
tem**ieran**	tem**iesen**

recibir erhalten	
recib**iera**	recib**iese**
recib**ieras**	recib**ieses**
recib**iera**	recib**iese**
recib**iéramos**	recib**iésemos**
recib**ierais**	recib**ieseis**
recib**ieran**	recib**iesen**

(Bei **decir – ser – ir** und Verben der Gruppe **-ucir** sind die Endungen **-era**, **-eras**, **-era** usw.: *dijera, fuera, condujera …*)

creer – leer – construir

Unbetontes **i** wird zu **y**.

Ebenso z. B.
leer lesen → leyera, leyese …
construir bauen → construyera …

creer glauben	
creyera	creyese
creyeras	creyeses
creyera	creyese
creyéramos	creyésemos
creyerais	creyeseis
creyeran	creyesen

Konjunktiv Perfekt

Der Konjunktiv Perfekt wird gebildet aus dem Konjunktiv Präsens von **haber** und dem Partizip Perfekt.

tomar nehmen	correr rennen	subir hinaufgehen
haya tomado	haya corrido	haya subido
hayas tomado	hayas corrido	hayas subido
haya tomado	haya corrido	haya subido
hayamos tomado	hayamos corrido	hayamos subido
hayáis tomado	hayáis corrido	hayáis subido
hayan tomado	hayan corrido	hayan subido

Konjunktiv Plusquamperfekt

Der Konjunktiv Plusquamperfekt wird gebildet aus dem Konjunktiv Imperfekt von **haber** und dem Partizip Perfekt.

	trabajar arbeiten	leer lesen	recibir erhalten
hubiera/hubiese…	trabajado	leído	recibido
hubieras/hubieses…	trabajado	leído	recibido
hubiera/hubiese…	trabajado	leído	recibido
hubiéramos/hubiésemos…	trabajado	leído	recibido
hubierais/hubieseis…	trabajado	leído	recibido
hubieran/hubiesen…	trabajado	leído	recibido

Imperativ (Befehlsform) – Imperativo

Bejahter Imperativ tú – vosotros

- Besondere Imperativformen gibt es im Spanischen nur für die bejahte Form der 2. Person Singular und Plural*. Sie werden durch Anhängen folgender Endungen an den Stamm gebildet.

Verben auf **-ar**

Endungen	comprar	
(tú) -a (vosotros) -ad	¡compr**a**! ¡compr**ad**!	kaufe! kauft!

Verben auf **-er, -ir**

Endungen	beber		escribir	
(tú) -e (vosotros) -ed, -id	¡beb**e**! ¡beb**ed**!	trink! trinkt!	¡escrib**e**! ¡escrib**id**!	schreib! schreibt!

* Für letztere wird in der Umgangssprache auch der Infinitiv gebraucht:
Niños, ¡cerrar esa puerta! Kinder, macht doch die Tür zu!
¡Llamarme mañana por teléfono! Ruft mich morgen an!

- Einige wichtige Verben haben für die 2. Person Singular unregelmäßige Imperativformen.

decir hacer ir(se) poner	¡di! ¡haz! ¡ve(te)! ¡pon!	sag! mach!, tu! geh (weg)! setz, leg, stell!	salir tener venir	¡sal! ¡ten! ¡ven!	geh heraus! hab! komm her!

Verneinter Imperativ tú – vosotros

Die verneinte Form der 2. Person Singular und Plural ist identisch mit den entsprechenden Formen des Konjunktiv Präsens.

¡no compr**es**! ¡no compr**éis**!	kauf nicht! kauft nicht!	¡no beb**as**! ¡no beb**áis**! ¡no escrib**as**! ¡no escrib**áis**!	trink nicht! trinkt nicht! schreib nicht! schreibt nicht!

Höflichkeitsformen

Die Höflichkeitsformen **(usted, ustedes – Vd., Vds.)** sowie die 1. Person Plural bilden den bejahten und den verneinten Imperativ ebenfalls mit den entsprechenden Personen des Konjunktiv Präsens: **¡(no) compre (Vd.)!** kaufen Sie nicht! usw.

¡(no) compr**e** (Vd.)!	¡(no) beb**a** (Vd.)!	¡(no) escrib**a** (Vd.)!
¡(no) compr**en** (Vds.)!	¡(no) beb**an** (Vds.)!	¡(no) escrib**an** (Vds.)!
¡(no) compr**emos**!	¡(no) beb**amos**!	¡(no) escrib**amos**!

Stellung des Pronomens beim Imperativ

- Die unbetonten Pronomen (Fürwörter) werden in der bejahten Form an den Imperativ angehängt (vgl. Seite 114): ¡Pága**lo**! Bezahl es! ¡Escríban**lo**! Schreiben Sie es! ¡Léa**lo**! Lesen Sie es!
- In allen verneinten Formen des Imperativs stehen die unbetonten Fürwörter wie üblich vor dem konjugierten Verb: ¡No **la** llames! Ruf sie nicht (an)!
- Bei Wörtern, die aus drei oder mehr Silben bestehen, muß entsprechend der Verbbetonung ein Akzent gesetzt werden (vgl. Seite 16): ¡Tómalo! Nimm es!
- (Zum Imperativ der reflexiven Verben s. Seite 65.)

	kauf die Bluse! usw.	kauf sie! usw.
tú	¡compra la blusa!	¡cómprala!
usted	¡compre la blusa!	¡cómprela!
nosotros	¡compremos la blusa!	¡comprémosla!
vosotros	¡comprad la blusa!	¡compradla!
ustedes	¡compren la blusa!	¡cómprenla!

	kauf die Bluse nicht! usw.	kauf sie nicht! usw.
tú	¡no compres la blusa!	¡no la compres!
usted	¡no compre la blusa!	¡no la compre!
nosotros	¡no compremos la blusa!	¡no la compremos!
vosotros	¡no compréis la blusa!	¡no la compréis!
ustedes	¡no compren la blusa!	¡no la compren!

	trink diesen Wein! usw.	trink ihn! usw.
tú	¡bebe ese vino!	¡bébelo!
usted	¡beba ese vino!	¡bébalo!
nosotros	¡bebamos ese vino!	¡bebámoslo!
vosotros	¡bebed ese vino!	¡bebedlo!
ustedes	¡beban ese vino!	¡bébanlo!

	trink diesen Wein nicht! usw.	trink ihn nicht! usw.
tú	¡no bebas ese vino!	¡no lo bebas!
usted	¡no beba ese vino!	¡no lo beba!
nosotros	¡no bebamos ese vino!	¡no lo bebamos!
vosotros	¡no bebáis ese vino!	¡no lo bebáis!
ustedes	¡no beban ese vino!	¡no lo beban!

	schreib den Brief! usw.	schreib ihn! usw.
tú	¡escribe la carta!	¡escríbela!
usted	¡escriba la carta!	¡escríbala!
nosotros	¡escribamos la carta!	¡escribámosla!
vosotros	¡escribid la carta!	¡escribidla!
ustedes	¡escriban la carta!	¡escríbanla!

	schreib den Brief nicht! usw.	schreib ihn nicht! usw.
tú	¡no escribas la carta!	¡no la escribas!
usted	¡no escriba la carta!	¡no la escriba!
nosotros	¡no escribamos la carta!	¡no la escribamos!
vosotros	¡no escribáis la carta!	¡no la escribáis!
ustedes	¡no escriban la carta!	¡no la escriban!

Gerundio (Verlaufsform)

Regelmäßige Bildung

Die Verlaufsform wird gebildet durch Anhängen folgender Endungen an den Stamm.

Verben auf **-ar** Verben auf **-er, -ir**

Endung	mirar	Endung	comer	partir
-ando	mir**ando**	-iendo	com**iendo**	part**iendo**

pedir – sentir – morir...

Bei einigen Verben und Gruppenverben ist das Gerundium unregelmäßig: der Stammvokal **e** wird zu **i**, **o** zu **u**.
Die wichtigsten sind:

conseguir consiguiendo	decir diciendo	despedirse despidiéndose	elegir eligiendo
freír friendo	pedir pidiendo	repetir repitiendo	reírse riéndose
seguir siguiendo	servir sirviendo	vestirse vistiéndose	divertirse divirtiéndose
sentir sintiendo	venir viniendo	dormir durmiendo	morirse muriéndose

(Zur Verwendung des Gerundiums s. Seite 89.)

Reflexive (Rückbezügliche) **Verben** – Verbos reflexivos

- Die reflexiven Verben bestehen aus den jeweiligen Verbformen und den jeweiligen Reflexivpronomen (me, te, se, nos, os, se).
- Bei den Infinitivformen und beim bejahten Imperativ wird das Reflexivpronomen an das Verb angehängt; bei den konjugierten Verben stehen die Reflexivpronomen wie üblich vor dem konjugierten Verb (vgl. Seite 116).
- Im Zusammenhang mit den Verben **querer, poder, deber, tener que, ir a** usw. kann das Reflexivpronomen auch vor dem konjugierten Verb stehen, z. B.:
  ya te puedes duchar,
  ya puedes ducharte } du kannst (dich) schon duschen
- Bei der Verlaufsform (Gerundium) können die Reflexivpronomen entweder vor dem konjugierten Verb stehen oder an das Gerundium angehängt werden, z. B.:
  me estoy duchando,
  estoy duchándome } ich dusche (mich) gerade
- Bei Wörtern, die aus drei oder mehr Silben bestehen, muß entsprechend der Verbbetonung ein Akzent gesetzt werden, z. B.:
  está lavándose er wäscht sich gerade

lavarse sich waschen

haberse lavado sich gewaschen haben

Indikativ Präsens	
me lavo	ich wasche mich
te lavas	du wäschst dich
se lava	er/sie/es wäscht sich, Sie waschen sich
nos lavamos	wir waschen uns
os laváis	ihr wascht euch
se lavan	sie/Sie waschen sich

Imperfekt
me lavaba usw.
ich wusch mich

Indefinido
me lavé usw.
ich wusch mich

Futur I	Konditional I	Perfekt
me lavaré usw.	me lavaría usw.	me he lavado usw.
ich werde mich waschen	ich würde mich waschen	ich habe mich gewaschen

Plusquamperfekt	Pretérito anterior	Futur II
me había lavado usw.	me hube lavado usw.	me habré lavado usw.
ich hatte mich gewaschen	ich hatte mich gewaschen	ich werde mich gewaschen haben

Konditional II
me habría lavado usw.
ich würde mich gewaschen haben, ich hätte mich gewaschen

Gerundio
me estoy lavando, estoy lavándome usw.
ich wasche mich gerade

Konjunktiv Präsens	Konjunktiv Imperfekt	Konjunktiv Perfekt
me lave usw.	me lavara, me lavase usw.	me haya lavado usw.

Konjunktiv Plusquamperfekt
me hubiera lavado, me hubiese lavado te hubieras lavado, te hubieses lavado usw.

Imperativ		
¡lávate!	¡no te laves!	wasch dich (nicht)!
¡lávese!	¡no se lave!	waschen Sie sich (nicht)!
¡lavémonos!*	¡no nos lavemos!	waschen wir uns (nicht)!
¡lavaos!*	¡no os lavéis!	wascht euch (nicht)!
¡lávense!	¡no se laven!	waschen Sie sich nicht!

* Beachte die Besonderheiten in der 1. und 2. Person Plural des bejahten Imperativs:
Wegfall des **s** bzw. des **d** → **amad**, aber **amaos, amemos** aber **amémonos.**

Passiv (Leideform) – Voz pasiva

- Das Passiv wird mit **ser** und dem Partizip Perfekt gebildet; das Partizip verändert sich dabei je nach Geschlecht und Zahl des Subjekts. (Siehe dazu die Konjugation von **ser** auf Seiten 71–72.)
- Die deutsche Präposition „von“ bzw. „durch“ wird in der Regel mit **por** übersetzt: *Esta casa ha sido construida por mi padre.* Dieses Haus ist von meinem Vater gebaut worden.
- Umschreibung des Passivs mit “se”: s. Seiten 96–97, 116.

ser amado geliebt werden

haber sido amado geliebt worden sein

Indikativ Präsens	
soy amado/amada	ich werde geliebt
eres amado/amada	du wirst geliebt
es amado/amada	er/sie/es wird geliebt
Vd. es amado/amada	Sie werden geliebt
somos amados/amadas	wir werden geliebt
sois amados/amadas	ihr werdet geliebt
son amados/amadas	sie werden geliebt
Vds. son amados/amadas	Sie werden geliebt

Imperfekt	Indefinido	Futur I
era amado, -a usw.	fui amado, -a usw.	seré amado, -a usw.
ich wurde geliebt	ich wurde geliebt	ich werde geliebt werden

Konditional I	Perfekt	Plusquamperfekt
sería amado, -a usw. ich würde geliebt werden	he sido amado, -a ich bin geliebt worden	había sido amado, -a ich war geliebt worden

Futur II	Konditional II	Konjunktiv Präsens
habré sido amado, -a usw. ich werde geliebt worden sein	habría sido amado, -a ich wäre geliebt worden	sea amado, -a seas amado, -a

Konjunktiv Imperfekt	Perfekt	Plusquamperfekt
fuera amado, -a fuese amado, -a usw.	haya sido amado, -a hayas sido amado, -a usw.	hubiera sido amado, -a hubiese sido amado, -a usw.

Imperativ – **sé amado** –, Pretérito anterior – **hube sido amado** –, Gerundio – **siendo amado, habiendo sido amado** – werden fast nie benutzt.

Konjugationsübersicht über das regelmäßige Verb

1. Verben auf -ar

Infinitivo: **tomar, haber tomado**

Indicativo				
Presente	Imperfecto	Indefinido	Futuro	Condicional
tomo tomas toma tomamos tomáis toman	tomaba tomabas tomaba tomábamos tomabais tomaban	tomé tomaste tomó tomamos tomasteis tomaron	tomaré tomarás tomará tomaremos tomaréis tomarán	tomaría tomarías tomaría tomaríamos tomaríais tomarían

Perfecto	Pluscuamperfecto	Pretérito anterior
he tomado has tomado ha tomado hemos tomado habéis tomado han tomado	había tomado habías tomado había tomado habíamos tomado habíais tomado habían tomado	hube tomado hubiste tomado hubo tomado hubimos tomado hubisteis tomado hubieron tomado

Futuro Perfecto	Condicional compuesto
habré tomado habrás tomado habrá tomado habremos tomado habréis tomado habrán tomado	habría tomado habrías tomado habría tomado habríamos tomado habríais tomado habrían tomado

Subjuntivo			
Presente	Imperfecto		Perfecto
tome tomes tome tomemos toméis tomen	tomara, tomaras, tomara, tomáramos, tomarais, tomaran,	tomase tomases tomase tomásemos tomaseis tomasen	haya tomado hayas tomado haya tomado hayamos tomado hayáis tomado hayan tomado

Pluscuamperfecto
hubiera tomado* hubieras tomado hubiera tomado hubiéramos tomado hubierais tomado hubieran tomado

* Für alle Verben auch **hubiese** + Partizip möglich.

Gerundio	Participio
tomando habiendo tomado	tomado

Imperativo	
toma, no tomes (no) tome (Vd.) (no) tomemos	tomad, no toméis (no) tomen (Vds.)

2. Verben auf -er

Infinitivo: **comer, haber comido**

Indicativo				
Presente	Imperfecto	Indefinido	Futuro	Condicional
como comes come comemos coméis comen	comía comías comía comíamos comíais comían	comí comiste comió comimos comisteis comieron	comeré comerás comerá comeremos comeréis comerán	comería comerías comería comeríamos comeríais comerían

Perfecto	Pluscuamperfecto	Pretérito anterior
he comido has comido ha comido hemos comido habéis comido han comido	había comido habías comido había comido habíamos comido habíais comido habían comido	hube comido hubiste comido hubo comido hubimos comido hubisteis comido hubieron comido

Futuro Perfecto	Condicional compuesto
habré comido habrás comido habrá comido habremos comido habréis comido habrán comido	habría comido habrías comido habría comido habríamos comido habríais comido habrían comido

Subjuntivo			
Presente	Imperfecto		Perfecto
coma comas coma comamos comáis coman	comiera, comieras, comiera, comiéramos, comierais, comieran,	comiese comieses comiese comiésemos comieseis comiesen	haya comido hayas comido haya comido hayamos comido hayáis comido hayan comido

Pluscuamperfecto
hubiera comido* hubieras comido hubiera comido hubiéramos comido hubierais comido hubieran comido

* Für alle Verben auch **hubiese** + Partizip möglich.

Gerundio	Participio
comiendo habiendo comido	comido

Imperativo	
come, no comas (no) coma (Vd.) (no) comamos	comed, no comáis (no) coman (Vds.)

3. Verben auf -ir

Infinitivo: **subir, haber subido**

Indicativo				
Presente	Imperfecto	Indefinido	Futuro	Condicional
subo	subía	subí	subiré	subiría
subes	subías	subiste	subirás	subirías
sube	subía	subió	subirá	subiría
subimos	subíamos	subimos	subiremos	subiríamos
subís	subíais	subisteis	subiréis	subiríais
suben	subían	subieron	subirán	subirían

Perfecto	Pluscuamperfecto	Pretérito anterior
he subido	había subido	hube subido
has subido	habías subido	hubiste subido
ha subido	había subido	hubo subido
hemos subido	habíamos subido	hubimos subido
habéis subido	habíais subido	hubisteis subido
han subido	habían subido	hubieron subido

Futuro Perfecto	Condicional compuesto
habré subido	habría subido
habrás subido	habrías subido
habrá subido	habría subido
habremos subido	habríamos subido
habréis subido	habríais subido
habrán subido	habrían subido

Subjuntivo			
Presente	Imperfecto		Perfecto
suba	subiera,	subiese	haya subido
subas	subieras,	subieses	hayas subido
suba	subiera,	subiese	haya subido
subamos	subiéramos,	subiésemos	hayamos subido
subáis	subierais,	subieseis	hayáis subido
suban	subieran,	subiesen	hayan subido

Pluscuamperfecto
hubiera subido* hubieras subido hubiera subido hubiéramos subido hubierais subido hubieran subido

* Für alle Verben auch **hubiese** + Partizip möglich.

Gerundio	Participio
subiendo habiendo subido	subido

Imperativo	
sube, no subas (no) suba (Vd.) (no) subamos	subid, no subáis (no) suban (Vds.)

Konjugationsübersicht über haber (nur Hilfsverb), ser, estar

1. haber

Infinitivo: **haber, haber habido**

Indicativo				
Presente	Imperfecto	Indefinido	Futuro	Condicional
he	había	hube	habré	habría
has	habías	hubiste	habrás	habrías
ha	había	hubo	habrá	habría
hemos	habíamos	hubimos	habremos	habríamos
habéis	habíais	hubisteis	habréis	habríais
han	habían	hubieron	habrán	habrían

Subjuntivo		
Presente	Imperfecto	
haya	hubiera,	hubiese
hayas	hubieras,	hubieses
haya	hubiera,	hubiese
hayamos	hubiéramos,	hubiésemos
hayáis	hubierais,	hubieseis
hayan	hubieran,	hubiesen

Gerundio: habiendo

Beachte: Als Hilfsverb wird **haber** nur in Zusammenhang mit anderen Verben benutzt: **he tomado, hubiera corrido** usw.
Zur Verwendung der unpersönlichen Formen **hay, ha habido** usw. s. Seite 102.

2. ser

Infinitivo: **ser, haber sido**

Indicativo				
Presente	Imperfecto	Indefinido	Futuro	Condicional
soy eres es somos sois son	era eras era éramos erais eran	fui fuiste fue fuimos fuisteis fueron	seré serás será seremos seréis serán	sería serías sería seríamos seríais serían

Perfecto	Pluscuamperfecto	Pretérito anterior
he sido has sido ha sido hemos sido habéis sido han sido	había sido habías sido había sido habíamos sido habíais sido habían sido	hube sido hubiste sido hubo sido hubimos sido hubisteis sido hubieron sido

Futuro Perfecto	Condicional compuesto
habré sido habrás sido habrá sido habremos sido habréis sido habrán sido	habría sido habrías sido habría sido habríamos sido habríais sido habrían sido

Subjuntivo			
Presente	Imperfecto		Perfecto
sea seas sea seamos seáis sean	fuera, fueras, fuera, fuéramos, fuerais, fueran,	fuese fueses fuese fuésemos fueseis fuesen	haya sido hayas sido haya sido hayamos sido hayáis sido hayan sido

Pluscuamperfecto
hubiera, hubiese sido hubieras, hubieses sido hubiera, hubiese sido hubiéramos, hubiésemos sido hubierais, hubieseis sido hubieran, hubiesen sido

Gerundio	Participio
siendo habiendo sido	sido

Imperativo	
sé, no seas (no) sea (Vd.) (no) seamos	sed, no seáis (no) sean (Vds.)

3. estar

Infinitivo: **estar, haber estado**

Indicativo				
Presente	Imperfecto	Indefinido	Futuro	Condicional
estoy estás está estamos estáis están	estaba estabas estaba estábamos estabais estaban	estuve estuviste estuvo estuvimos estuvisteis estuvieron	estaré estarás estará estaremos estaréis estarán	estaría estarías estaría estaríamos estaríais estarían

Perfecto	Pluscuamperfecto	Pretérito anterior
he estado has estado ha estado hemos estado habéis estado han estado	había estado habías estado había estado habíamos estado habíais estado habían estado	hube estado hubiste estado hubo estado hubimos estado hubisteis estado hubieron estado

Futuro Perfecto	Condicional Perfecto
habré estado habrás estado habrá estado habremos estado habréis estado habrán estado	habría estado habrías estado habría estado habríamos estado habríais estado habrían estado

Subjuntivo			
Presente	Imperfecto		Perfecto
esté	estuviera,	estuviese	haya estado
estés	estuvieras,	estuvieses	hayas estado
esté	estuviera,	estuviese	haya estado
estemos	estuviéramos,	estuviésemos	hayamos estado
estéis	estuvierais,	estuvieseis	hayáis estado
estén	estuvieran,	estuviesen	hayan estado

Pluscuamperfecto*
hubiera estado
hubieras estado
hubiera estado
hubiéramos estado
hubierais estado
hubieran estado

* = hubiese estado

Gerundio	Participio
estando habiendo estado	estado

Imperativo	
está, no (te) estés	estad, no estéis
(no) esté (Vd.)	(no) estén (Vds.)

Beachte: In Zusammenhang mit einigen wenigen Adjektiven (z.B. **quieto, tranquilo** usw.) kann **estar** als reflexives Verb benutzt werden:

¡Estáte quieto! Sei endlich ruhig! (Verhalte dich ruhig!)
¡Estáte tranquilo! Mach dir keine Sorgen!; Sei endlich ruhig!
Si se estuviera quieto… Wenn er bloß ruhig wäre …

Übersicht über die wichtigsten unregelmäßigen Verben

Angegeben werden die unregelmäßigen Zeiten und die entsprechenden Ableitungen.
(Zu orthographischen Besonderheiten s. Seite 48–49.)

1. andar gehen

Indefinido	Imperfecto de subjuntivo	
anduve	anduviera	anduviese
anduviste	anduvieras	anduvieses
anduvo	anduviera	anduviese
anduvimos	anduviéramos	anduviésemos
anduvisteis	anduvierais	anduvieseis
anduvieron	anduvieran	anduviesen

2. caber Platz haben, hineinpassen

Indicativo			
Presente	Indefinido	Futuro	Condicional
quepo cabes cabe cabemos cabéis caben	cupe cupiste cupo cupimos cupisteis cupieron	cabré cabrás cabrá cabremos cabréis cabrán	cabría cabrías cabría cabríamos cabríais cabrían

Subjuntivo		
Presente	Imperfecto	
quepa quepas quepa quepamos quepáis quepan	cupiera cupieras cupiera cupiéramos cupierais cupieran	cupiese cupieses cupiese cupiésemos cupieseis cupiesen

3. caer(se) fallen, hinfallen

Presente indicativo	Presente subjuntivo	Imperativo (negativo)
(me) caigo (te) caes (se) cae (nos) caemos (os) caéis (se) caen	(me) caiga (te) caigas (se) caiga (nos) caigamos (os) caigáis (se) caigan	¡no te caigas! ¡no se caiga! ¡no nos caigamos! ¡no os caigáis! ¡no se caigan!

Gerundio
cayendo, cayéndose habiendo caído, habiéndose caído

4. conducir führen, fahren

Indicativo	
Presente	Indefinido
conduzco conduces conduce conducimos conducís conducen	conduje condujiste condujo condujimos condujisteis condujeron

Subjuntivo		
Presente	Imperfecto	
conduzca conduzcas conduzca conduzcamos conduzcáis conduzcan	condujera condujeras condujera condujéramos condujerais condujeran	condujese condujeses condujese condujésemos condujeseis condujesen

Ebenso alle mit **-ducir** zusammengesetzten Verben, z. B.:

deducir de	folgen aus	**producir**	herstellen	**seducir**	verführen
introducir	einführen	**reducir**	verringern	**traducir**	übersetzen

5. dar geben

Indicativo		Subjuntivo		
Presente	Indefinido	Presente	Imperfecto	
doy das da damos dais dan	di diste dio dimos disteis dieron	dé des dé demos deis den	diera dieras diera diéramos dierais dieran	diese dieses diese diésemos dieseis diesen

6. decir sagen

Indicativo			
Presente	Indefinido	Futuro	Condicional
digo	dije	diré	diría
dices	dijiste	dirás	dirías
dice	dijo	dirá	diría
decimos	dijimos	diremos	diríamos
decís	dijisteis	diréis	diríais
dicen	dijeron	dirán	dirían

Imperativo	
di	no digas
diga (Vd.)	no diga
digamos	no digamos
decid	no digáis
digan (Vds.)	no digan

Subjuntivo		
Presente	Imperfecto	
diga	dijera	dijese
digas	dijeras	dijeses
diga	dijera	dijese
digamos	dijéramos	dijésemos
digáis	dijerais	dijeseis
digan	dijeran	dijesen

Gerundio	Participio
diciendo habiendo dicho	dicho

7. estar sein (s. Seiten 72–73)

8. haber haben (s. Seite 70)

9. hacer machen, tun

Indicativo			
Presente	Indefinido	Futuro	Condicional
hago	hice	haré	haría
haces	hiciste	harás	harías
hace	hizo	hará	haría
hacemos	hicimos	haremos	haríamos
hacéis	hicisteis	haréis	haríais
hacen	hicieron	harán	harían

Imperativo	
haz	no hagas
haga (Vd.)	no haga
hagamos	no hagamos
haced	no hagáis
hagan (Vds.)	no hagan

Subjuntivo		
Presente	Imperfecto	
haga	hiciera	hiciese
hagas	hicieras	hicieses
haga	hiciera	hiciese
hagamos	hiciéramos	hiciésemos
hagáis	hicierais	hicieseis
hagan	hicieran	hiciesen

Gerundio	Participio
haciendo, habiendo hecho	hecho

10. ir gehen, fahren; **irse** weggehen

Indicativo		
Presente	Imperfecto	Indefinido
(me) voy	(me) iba	(me) fui
(te) vas	(te) ibas	(te) fuiste
(se) va	(se) iba	(se) fue
(nos) vamos	(nos) íbamos	(nos) fuimos
(os) vais	(os) ibais	(os) fuisteis
(se) van	(se) iban	(se) fueron

Imperativo		
ve̜	(vete)	no (te) vayas
vaya (Vd.)	(váyase)	no (se) vaya
vayamos	(vayámonos)	no (nos) vayamos
id	(íos)	no (os) vayáis
vayan (Vds.)	(vayan)	no (se) vayan

Subjuntivo		
Presente	Imperfecto	
vaya	fuera	fuese
vayas	fueras	fueses
vaya	fuera	fuese
vayamos	fuéramos	fuésemos
vayáis	fuerais	fueseis
vayan	fueran	fuesen

Gerundio
yendo habiendo ido

11. oír hören

Indicativo		Subjuntivo		
Presente	Indefinido	Presente	Imperfecto	
oigo	oí	oiga	oyera	oyese
oyes	oíste	oigas	oyeras	oyeses
oye	oyó	oiga	oyera	oyese
oímos	oímos	oigamos	oyéramos	oyésemos
oís	oísteis	oigáis	oyerais	oyeseis
oyen	oyeron	oigan	oyeran	oyesen

Imperativo	
oye	no oigas
oiga (Vd.)	no oiga (Vd.)
oigamos	no oigamos
oíd	no oigáis
oigan	no oigan

Gerundio
oyendo
habiendo oído

12. poder können, dürfen

Indicativo			
Presente	Indefinido	Futuro	Condicional
puedo	pude	podré	podría
puedes	pudiste	podrás	podrías
puede	pudo	podrá	podría
podemos	pudimos	podremos	podríamos
podéis	pudisteis	podréis	podríais
pueden	pudieron	podrán	podrían

Subjuntivo		
Presente	Imperfecto	
pueda	pudiera	pudiese
puedas	pudieras	pudieses
pueda	pudiera	pudiese
podamos	pudiéramos	pudiésemos
podáis	pudierais	pudieseis
puedan	pudieran	pudiesen

Gerundio: pudiendo, habiendo podido

13. poner setzen, stellen, legen

Indicativo			
Presente	Indefinido	Futuro	Condicional
pongo pones pone ponemos ponéis ponen	puse pusiste puso pusimos pusisteis pusieron	pondré pondrás pondrá pondremos pondréis pondrán	pondría pondrías pondría pondríamos pondríais pondrían

Imperativo	
pon	no pongas
ponga (Vd.)	no ponga (Vd.)
pongamos	no pongamos
poned	no pongáis
pongan (Vds.)	no pongan (Vds.)

Subjuntivo		
Presente	Imperfecto	
ponga	pusiera	pusiese
pongas	pusieras	pusieses
ponga	pusiera	pusiese
pongamos	pusiéramos	pusiésemos
pongáis	pusierais	pusieseis
pongan	pusieran	pusiesen

Gerundio	Participio
poniendo habiendo puesto	puesto

Ebenso z. B.:
disponer de verfügen über
suponer vermuten, voraussetzen

14. querer wollen, lieben

Indicativo			
Presente	Indefinido	Futuro	Condicional
quiero	quise	querré	querría
quieres	quisiste	querrás	querrías
quiere	quiso	querrá	querría
queremos	quisimos	querremos	querríamos
queréis	quisisteis	querréis	querríais
quieren	quisieron	querrán	querrían

Subjuntivo		
Presente	Imperfecto	
quiera	quisiera	quisiese
quieras	quisieras	quisieses
quiera	quisiera	quisiese
queramos	quisiéramos	quisiésemos
queráis	quisierais	quisieseis
quieran	quisieran	quisiesen

15. saber wissen, können

Indicativo			
Presente	Indefinido	Futuro	Condicional
sé	supe	sabré	sabría
sabes	supiste	sabrás	sabrías
sabe	supo	sabrá	sabría
sabemos	supimos	sabremos	sabríamos
sabéis	supisteis	sabréis	sabríais
saben	supieron	sabrán	sabrían

Imperativo
sabe
sepa (Vd.)
sepamos
sabed
sepan (Vds.)

Subjuntivo		
Presente	Imperfecto	
sepa	supiera	supiese
sepas	supieras	supieses
sepa	supiera	supiese
sepamos	supiéramos	supiésemos
sepáis	supierais	supieseis
sepan	supieran	supiesen

16. salir hinausgehen

Indicativo			
Presente	Futuro	Condicional	Presente
salgo sales sale salimos salís salen	saldré saldrás saldrá saldremos saldréis saldrán	saldría saldrías saldría saldríamos saldríais saldrían	salga salgas salga salgamos salgáis salgan

Imperativo	
sal	no salgas
salga (Vd.)	no salga
salgamos	no salgamos
salid	no salgáis
salgan (Vds.)	no salgan

17. ser sein (s. Seiten 71–72)

18. tener haben, besitzen

Indicativo			
Presente	Indefinido	Futuro	Condicional
tengo tienes tiene tenemos tenéis tienen	tuve tuviste tuvo tuvimos tuvisteis tuvieron	tendré tendrás tendrá tendremos tendréis tendrán	tendría tendrías tendría tendríamos tendríais tendrían

Imperativo	
ten	no tengas
tenga (Vd.)	no tenga
tengamos	no tengamos
tened	no tengáis
tengan (Vds.)	no tengan

Subjuntivo		
Presente	Imperfecto	
tenga	tuviera	tuviese
tengas	tuvieras	tuvieses
tenga	tuviera	tuviese
tengamos	tuviéramos	tuviésemos
tengáis	tuvierais	tuvieseis
tengan	tuvieran	tuviesen

19. traer (her) bringen

Indicativo		Subjuntivo		
Presente	Indefinido	Presente	Imperfecto	
traigo	traje	traiga	trajera	trajese
traes	trajiste	traigas	trajeras	trajeses
trae	trajo	traiga	trajera	trajese
traemos	trajimos	traigamos	trajéramos	trajésemos
traéis	trajisteis	traigáis	trajerais	trajeseis
traen	trajeron	traigan	trajeran	trajesen

Imperativo	
trae	no traigas
traiga (Vd.)	no traiga
traigamos	no traigamos
traed	no traigáis
traigan (Vds.)	no traigan

Gerundio: trayendo,
habiendo traído

Ebenso z. B. **atraer** anziehen

20. valer wert sein, gelten

Indicativo			Subjuntivo
Presente	Futuro	Condicional	Presente
valgo	valdré	valdría	valga
vales	valdrás	valdrías	valgas
vale	valdrá	valdría	valga
valemos	valdremos	valdríamos	valgamos
valéis	valdréis	valdríais	valgáis
valen	valdrán	valdrían	valgan

21. venir (her)kommen

Indicativo			
Presente	Indefinido	Futuro	Condicional
vengo	vine	vendré	vendría
vienes	viniste	vendrás	vendrías
viene	vino	vendrá	vendría
venimos	vinimos	vendremos	vendríamos
venís	vinisteis	vendréis	vendríais
vienen	vinieron	vendrán	vendrían

Subjuntivo			Imperativo	
Presente	Imperfecto			
venga	viniera	viniese	ven	no vengas
vengas	vinieras	vinieses	venga (Vd.)	no venga
venga	viniera	viniese	vengamos	no vengamos
vengamos	viniéramos	viniésemos	venid	no vengáis
vengáis	vinierais	vinieseis	vengan (Vds.)	no vengan
vengan	vinieran	viniesen		

Gerundio: viniendo, habiendo venido
Ebenso z. B.: **convenir** vereinbaren, **intervenir** eingreifen

22. ver sehen

Indicativo		Subjuntivo		
Presente	Imperfecto	Presente	Imperfecto	
veo	veía	vea	viera	viese
ves	veías	veas	vieras	vieses
ve	veía	vea	viera	viese
vemos	veíamos	veamos	viéramos	viésemos
veis	veíais	veáis	vierais	vieseis
ven	veían	vean	vieran	viesen

Imperativo	
ve	no veas
vea (Vd.)	no vea
veamos	no veamos
ved	no veáis
vean (Vds.)	no vean

Gerundio: viendo, habiendo visto
Participio: visto

Das Verb – Gebrauch der Zeiten

Allgemeines

- Das Spanische unterscheidet die Formen der Art und Weise (Modi), wie ein Verb gebraucht wird: Indikativ (Wirklichkeitsform) und Konjunktiv (Möglichkeitsform).
- Der **Indikativ** wird verwendet zur Angabe tatsächlich stattfindender oder stattgefundener Handlungen und Ereignisse.
- Der **Konjunktiv** wird in der Regel in **Nebensätzen** gebraucht und drückt dann keine Tatsache, sondern eher eine Möglichkeit aus. Er wird verwendet zum Ausdruck z. B. eines Wunsches, einer Absicht, einer Bitte oder auch persönlicher Gefühle wie Freude, Trauer, Zweifel, Ungewißheit oder einer ganz persönlichen Meinung bzw. eines Urteils (Einzelheiten s. Seiten 90–95).

Indikativ

Präsens

Das Präsens (Gegenwart) wird verwendet zur Angabe von Handlungen oder Sachverhalten in der Gegenwart.

Cierro la puerta.	Ich schließe die Tür.
Pepe es alto.	Pepe ist groß.
Hace buen tiempo.	Es ist schönes Wetter.

Imperfekt

Das Imperfekt (Vergangenheit) wird hauptsächlich verwendet:

1. Zur **Beschreibung eines Zustandes** in der Vergangenheit (Frage: was war?, wie war etwas?).

El cielo estaba azul.	Der Himmel war blau.
La maleta era grande.	Der Koffer war groß.
El vaso estaba sucio.	Das Glas war schmutzig.

2. Für **wiederholte Handlungen oder Vorgänge.**

Después de comer siempre tomábamos café.	Nach dem Essen tranken wir immer einen Kaffee.
Antes íbamos mucho al cine.	Früher gingen wir oft ins Kino.
Todos los días contaba lo mismo.	Jeden Tag erzählte er dasselbe.

3. Für **Vorgänge oder Handlungen**, die zeitlich nicht klar abgegrenzt sind, oder für die **kein näherer Zeitpunkt** angegeben ist.

Quería ser azafata.	Sie wollte Stewardeß werden.
No tenían tu número de teléfono.	Sie hatten deine Telefonnummer nicht.
Cuando hablaba con María llamó Carmen.	Als er/sie mit Maria sprach, rief Carmen an.

Indefinido

Das Indefinido (Historische Vergangenheit) wird vor allem gebraucht:

1. Für die **Erzählung einmaliger Handlungen**, die zu einem bestimmten Zeitpunkt oder in einer bestimmten Zeitspanne in der Vergangenheit erfolgten (Frage: was passierte da?, was passierte dann?). Signale sind z.B.: *ayer, el lunes pasado, la semana pasada, el año pasado* usw.

Ayer fui a casa de Lola.	Gestern ging ich zu Lola.
A las dos comió, después salió de casa.	Um zwei aß er, dann ging er aus dem Haus.
Los árabes estuvieron en España casi ocho siglos.	Die Araber waren fast acht Jahrhunderte in Spanien.

2. Für **Handlungen**, die **plötzlich eintreten** und damit eine andere Handlung unterbrechen.

Estaba comiendo cuando me llamó Luis y me contó lo que había pasado.	Ich war dabei zu essen, als Luis mich anrief und mir erzählte, was geschehen war.

3. Auch für **wiederholte Handlungen**, die aber ausdrücklich abgeschlossen sind.

Me lo pidió muchas veces hasta que le dije que no era posible.	Er bat mich oft darum, bis ich ihm sagte, daß es nicht möglich war.

Futur I

Das Futur I (einfache/unvollendete Zukunft) wird gebraucht:

1. Für **in der Zukunft liegende Handlungen oder Zustände.**

El mes que viene iré a México.	Nächsten Monat fahre ich nach Mexiko.
Dentro de dos semanas ya estarás mejor.	In zwei Wochen wird es dir schon besser gehen.

2. Zum **Ausdruck einer Vermutung.**

Están llamando. ¿Será Carmen?	Es klingelt. Ist das wohl Carmen?

3. Zum **Ausdruck einer Forderung, eines Gebotes.**

¡No matarás!	Du sollst nicht töten!

Beachte: Im Spanischen wird das Futur in einigen (meist temporalen und finalen) Nebensätzen nicht verwendet. An seine Stelle tritt Konjunktiv Präsens, selten auch Konjunktiv Perfekt: *Cuando termine/haya terminado la carta, te llamaré.* Wenn ich mit dem Brief fertig bin, werde ich dich anrufen.

Konditional I

Das Konditional I (unvollendete Bedingungsform) wird gebraucht:

1. Zur Angabe einer **Handlung**, die nur unter einer ganz bestimmten, sich wahrscheinlich **nicht erfüllenden Bedingung** erfolgen würde.

Podríamos decírselo si viniera hoy.	Wir könnten es ihm sagen, wenn er heute käme.
Se lo diríamos si llamara.	Wir würden es ihm sagen, wenn er anrufen würde.
Compraríamos el coche si tuviéramos más dinero.	Wir würden das Auto kaufen, wenn wir mehr Geld hätten.

2. Um einen **Wunsch**, eine **Aufforderung in verbindlicher Form** auszudrücken.

Me gustaría viajar a España. ¿Podría usted decirme…?	Ich würde gern nach Spanien reisen. Könnten Sie mir bitte sagen …?

Merke: Bei “querer” wird häufig der Konjunktiv Imperfekt anstelle des Konditionals verwendet: *Quisiera (comprar) un par de zapatos azules.* Ich möchte ein Paar blaue Schuhe (kaufen). (Anstelle von: *Querría comprar…*)

Perfekt

Das Perfekt (vollendete Vergangenheit) wird verwendet für **Handlungen in der Vergangenheit**, die aber noch in **Verbindung mit der Gegenwart** stehen (können) bzw. Auswirkungen auf die Gegenwart haben (können). Signale sind häufig: *este año, hoy, esta tarde, esta semana.*

¿Has estado alguna vez en España? ¿Qué has comido hoy? Este año no hemos pagado tantos impuestos como en años anteriores.	Bist du schon einmal in Spanien gewesen? Was hast du heute gegessen? Dieses Jahr haben wir nicht so viele Steuern gezahlt wie in früheren Jahren.

Plusquamperfekt

Das Plusquamperfekt (Vorvergangenheit, vollendete Vergangenheit) wird gebraucht für **Handlungen**, die bereits **vor anderen Handlungen** oder Ereignissen in der Vergangenheit **abgeschlossen** waren.

Ya había cenado cuando llegaron los Gómez.	Ich hatte schon zu Abend gegessen, als die Gómez kamen.

Futur II

Das Futur II (vollendete/zweite Zukunft) wird nur zum **Ausdruck der Vermutung** gebraucht, daß etwas stattgefunden hat.

Se lo habrá dicho ya.	Er wird es ihr schon gesagt haben.

Konditional II

Das Konditional II (vollendete/zweite Bedingungsform) wird verwendet, um auszudrücken, daß **etwas nicht verwirklicht wurde** bzw. geschah, weil die Voraussetzung fehlte.

Lo habríamos hecho si nos hubieran avisado.	Wir hätten es gemacht, wenn Sie uns Bescheid gegeben hätten.
Yo no lo habría comprado (en su lugar).	Ich (an Ihrer Stelle) hätte es nicht gekauft.

Merke: Sehr häufig steht für das Hilfsverb (**habría**, **habrías** etc.) beim Konditional II der Konjunktiv Imperfekt (**hubiera/hubiese**, **hubieras/hubieses** etc.).

Partizip Perfekt

Das Partizip Perfekt (Mittelwort der Vergangenheit) wird gebraucht:

1. **Unveränderlich zur Bildung der zusammengesetzten Zeiten** in Verbindung mit **"haber"** (vgl. Seite 70).

He comido muy bien.	Ich habe sehr gut gegessen.
Lo habrá olvidado.	Er/Sie wird es vergessen haben.

2. Veränderlich

a) Zur Bildung des **Passivs in Verbindung mit "ser"**.

Esa casa fue construida en 1933.	Dieses Haus wurde 1933 gebaut.
La blusa cosida por Dolores es la más bonita.	Die von Dolores genähte Bluse ist die hübscheste.

b) In **Partizipialkonstruktionen (in Passivfunktion)**.

Una vez recibida su oferta...	Nach Erhalt Ihres Angebotes ...

c) Wie ein **Adjektiv in Verbindung mit "estar"**.

La puerta está cerrada.	Die Tür ist geschlossen.
Ese disco está roto.	Diese Schallplatte ist kaputt.

d) In Verbindung mit **"tener" zur Hervorhebung des Ergebnisses** einer Handlung (weniger zur Angabe der Handlung selbst).

Ya tenemos preparada la paella.	Wir haben die Paella schon fertig.

Gerundio

Das Gerundium (Verlaufsform) wird verwendet:

1. In Verbindung mit **"estar" zur Angabe einer Handlung, die gerade stattfindet** bzw. stattfand.

Estoy mirando la televisión. Estábamos hablando de Paco.	Ich sehe gerade fern. Wir sprachen gerade von Paco.

2. In Verbindung mit **"continuar"/"seguir" zur Angabe der Fortsetzung einer Handlung**.

Continuó leyendo. Sigue hablando.	Er/Sie las weiter. Er/Sie spricht immer noch.

3. In Verbindung mit **"ir" zur Angabe einer allmählich fortschreitenden Handlung** oder eines Vorganges.

Los precios van subiendo cada vez más.	Die Preise steigen immer weiter.

4. **Anstelle eines Nebensatzes** im Deutschen.

Hablando de este asunto, dijo...	Als er über diese Angelegenheit sprach, sagte er ...
Habiendo escrito lo que escribió, ya no tiene salida.	Nachdem er das geschrieben hat, hat er keinen Ausweg mehr.
Comprando este libro no te equivocarás.	Wenn du dieses Buch kaufst, wirst du nichts Falsches tun.
Cerrando la puerta, dijo...	Indem er die Tür schloß, sagte er ... / Er schloß die Tür und sagte ...

Merke: Das Gerundium kann ein (nachgestelltes) Subjekt haben (vor allem dann, wenn Mißverständnisse möglich sind): *Hablando (yo) con mi padre, entró Pepe.* Während ich mit meinem Vater sprach, kam Pepe herein. *Estando tú en casa, estoy tranquilo.* Wenn du zu Hause bist, bin ich beruhigt.
Übersetzt wird das Gerundio mit Nebensätzen, die häufig mit den Konjunktionen „als", „nachdem", „weil", „während", „indem", „wenn" beginnen.

Konjunktiv

In Hauptsätzen

- Nach **ojalá** hoffentlich steht in Hauptsätzen immer der Konjunktiv.
- Nach **quizá**, **quizás** vielleicht, **posiblemente** möglicherweise usw. kann Konjunktiv oder Indikativ verwendet werden.

¡Ojalá **haga** mañana buen tiempo!	Hoffentlich ist morgen schönes Wetter.
¡Ojalá **viniera** Julio!	Wenn Julio nur käme!
¡Ojalá **hubiera venido** Carmen!	Wenn Carmen doch gekommen wäre!
Quizás **venga/viene** mañana Charo.	Vielleicht kommt Charo morgen.

In Nebensätzen

1. Nach Verben der Willensäußerung

Der Konjunktiv steht **nach Verben, die eine Willensäußerung des Sprechers im Hauptsatz ausdrücken**, z.B. eine Bitte, eine Forderung, eine Absicht, eine Empfehlung, eine Erlaubnis.
Der Sprecher des Hauptsatzes will, bittet, empfiehlt usw., daß jemand anderer etwas tut. Der Angesprochene kann das Gewünschte, Erbetene, Empfohlene tun oder auch nicht – daher „Möglichkeitsform".

No quiero que **leas** este libro.	Ich will nicht, daß du dieses Buch liest.
El profesor recomendó que los alumnos **fueran** a España.	Der Lehrer empfahl den Schülern, nach Spanien zu fahren.
El me rogó que **escribiera** a Julia.	Er bat mich darum, Julia zu schreiben.
Trataremos de evitar que Antonio y María **se vean**.	Wir werden versuchen zu vermeiden, daß sich Antonio und Maria sehen.

Beachte: Das Subjekt des Nebensatzes ist ein anderes als das des Hauptsatzes! In diesem Fall werden im Spanischen **keine Infinitivkonstruktionen** – wie manchmal im Deutschen – verwendet: Mama bittet dich zu kommen. *Mamá te pide que vengas.*

(Zur Zeitenfolge beim Konjunktiv s. Seite 104: Zeitenfolge in Nebensätzen.)

Wichtige Verben dieser Gruppe sind z.B.:

querer	wollen	rogar	bitten	permitir	erlauben
desear	wünschen	exigir	fordern	evitar	verhindern
pedir	bitten	recomendar	empfehlen	impedir	vermeiden

2. Nach Verben der Gefühlsäußerung

Der Konjunktiv steht **nach Verben der Gefühlsäußerung** wie z.B. bei Freude, Ärger, Trauer, Bedauern, Schmerz, Überraschung, Erstaunen, Furcht.

Me alegro de que **hayas venido**.	Ich freue mich, daß du gekommen bist.
Siento mucho que su hija **esté** enferma.	Es tut mir leid, daß ihre Tochter krank ist.
Me duele que no me lo **haya dicho** él mismo.	Es schmerzt mich, daß er es mir nicht selbst gesagt hat.
Se sorprendió de que la casa nos **gustara** tanto.	Er/Sie war überrascht, daß uns das Haus so sehr/gut gefiel.

Wichtige Verben dieser Gruppe sind z.B.

alegrarse	sich freuen	doler	schmerzen
estar triste	traurig sein	sorprenderse	überrascht sein
sentir	bedauern	extrañarse	überrascht sein
perdonar	verzeihen		

Merke: Nach **"temer que"** (befürchten, daß) und **"esperar que"** (hoffen, daß) steht normalerweise der Konjunktiv. Wenn jedoch der Sprecher des Hauptsatzes relativ sicher ist, daß die befürchtete bzw. erhoffte Handlung (oder das Ereignis) eintreten wird, wird das Futur bzw. Konditional verwendet (vgl. hierzu Seite 104: Zeitenfolge in Nebensätzen).

Temo que lo haga/hará.	Ich befürchte, daß er es tut.
Esperamos que nos escriba/escribirá.	Wir hoffen, daß sie uns schreibt.
Temíamos que lo haría/hiciera.	Wir befürchteten, daß er es tun würde.

3. Nach Verben der Unsicherheit und des Zweifels

Der Konjunktiv steht **nach Verben, die starke Unsicherheit oder Zweifel** ausdrücken.

Dudé que **viniera**.	Ich zweifelte daran, daß er kommen würde.
Dudo mucho que Marisa **tenga** ganas.	Ich zweifle sehr daran, daß Marisa Lust hat.

Merke: Konjunktiv steht nur nach **"no creer que"** nicht glauben, daß, **"no pensar que"** nicht denken/meinen, daß.
Nach "creer que", "pensar que" wird jedoch der Indikativ verwendet.

No creo que lo **comprenda**.	Ich glaube nicht, daß er es versteht.
Creo que lo hará/hace muy bien.	Ich glaube, daß er es sehr gut machen wird/macht.
No creo que lo **haya comprendido**.	Ich glaube nicht, daß er es verstanden hat.
Creo que lo ha comprendido todo.	Ich glaube, daß er alles verstanden hat.
No pienso que **venga** hoy.	Ich denke nicht, daß er heute kommt.
Pienso que viene/vendrá pronto.	Ich denke, daß er bald kommt/kommen wird.

4. Nach unpersönlichen Ausdrücken

Der Konjunktiv steht **nach unpersönlichen Ausdrücken**, die den in 1–3 genannten Verben entsprechen (z. B. nach Ausdrücken der Forderung, Freude, Verpflichtung, Überraschung, persönlichen Meinung, des Zweifels usw.).

Es posible que Luis **venga** el lunes.	Es ist möglich, daß Luis am Montag kommt.
Es absurdo que me **vengas** con ese cuento ahora.	Es ist absurd, daß du mir jetzt mit dieser Geschichte kommst.
Era necesario que **supiera** francés.	Es war nötig, daß er Französisch konnte.
Es sorprendente que no **conozcas** a mi amiga.	Es ist überraschend, daß du meine Freundin nicht kennst.

Wichtige unpersönliche Ausdrücke, nach denen Konjunktiv steht, sind z. B.:

es absurdo que…	es ist absurd, daß …
es extraño	es ist merkwürdig
es importante	es ist wichtig
es imposible	es ist unmöglich
es imprescindible	es ist unentbehrlich
es una lástima	es ist schade
lástima que	schade, daß
es lógico	es ist logisch
es mejor	es ist besser
es natural que…	es ist natürlich, daß …

es necesario	es ist nötig
es peor	es ist schlimmer
es posible	es ist möglich
es poco probable	es ist wenig wahrscheinlich
es probable	es ist wahrscheinlich
es sorprendente	es ist überraschend
es urgente	es ist eilig

5. Nach bestimmten Konjuntionen

Nach folgenden Konjunktionen steht grundsätzlich der Konjunktiv:

a no ser que	es sei denn, daß
antes (de) que	bevor
como si (nur Konjunktiv Imperfekt oder Plusquamperfekt möglich)	als ob
con tal (de) que	vorausgesetzt, daß
en (el) caso (de) que	falls
para que	damit
sin que	ohne daß

Te doy el dinero para que te **compres** los zapatos.	Ich gebe dir das Geld, damit du dir die Schuhe kaufst.
Antes de que **hables** con Paco, consúltalo con María.	Bevor du mit Paco redest, besprich es mit Maria.
En caso de que sus condiciones nos **convengan**, les pasaremos el pedido.	Falls Ihre Bedingungen uns zusagen, werden wir Ihnen den Auftrag erteilen.
Hazlo sin que **se entere** Carmen.	Tu es, ohne daß Carmen davon erfährt.
Lo creo como si lo **estuviera viendo**.	Ich glaube es, als sähe ich es vor mir.

Konjunktiv oder Indikativ

1. Nach bestimmten Konjunktionen

Nach folgenden, häufig gebrauchten Konjunktionen steht entweder der Konjunktiv oder der Indikativ (die „Möglichkeit", „die Zukunft" – bei Temporalsätzen – bzw. die „Tatsachen" sind dafür bestimmend):

aun cuando	auch wenn	hasta que	(solange) bis
aunque	obwohl, auch/selbst wenn	mientras	solange, während
cuando	wenn, während, immer wenn		

Cuando **venga** Isabel mañana se lo diré.	Wenn Isabel morgen kommt, werde ich es ihr sagen.
Cuando venía mi madre, siempre nos traía algún regalo.	Wenn meine Mutter kam, brachte sie uns immer ein Geschenk mit.
Mientras él no lo **sepa**, no habrá problemas.	Solange er es nicht weiß, wird es keine Probleme geben.
Mientras desayuno, leo el periódico.	Während ich frühstücke, lese ich die Zeitung.
Aunque ella lo **diga**, no lo creo.	Auch/Selbst wenn sie es sagt, glaube ich es nicht.
Aunque ya es muy tarde, quiero llamar a Carlos por teléfono.	Obwohl es sehr spät ist, möchte ich Carlos anrufen.
No dejaré de pedírselo hasta que lo **haga**.	Ich werde solange nicht aufhören, ihn/sie darum zu bitten, bis er/sie es tut.
No lo supe hasta que lo oí por la radio.	Ich wußte es nicht, bis ich es im Radio hörte. (Ich erfuhr es erst, als …)

2. In Relativsätzen

Der Konjunktiv steht in Relativsätzen, die **einen Wunsch, eine Forderung oder ein Bedürfnis** ausdrücken.

Busco una secretaria que **sepa** inglés y español.	Ich suche eine Sekretärin, die Englisch und Spanisch kann.
Busco a la secretaria que sabe inglés y español.	Ich suche die Sekretärin, die Englisch und Spanisch kann. (Ich weiß, daß es sie hier gibt!)

3. In Bedingungssätzen

Der Konjunktiv Imperfekt bzw. Plusquamperfekt steht in „si-Sätzen", **wenn die Bedingung unerfüllbar ist bzw. nicht erfüllt wurde**. Der Hauptsatz steht dann im Konditional I oder II bzw. Konjunktiv Plusquamperfekt.
Sonst steht nach "si" immer der Indikativ.

Si **tuviera** dinero me compraría una casa en el campo.	Wenn ich Geld hätte, würde ich mir ein Haus auf dem Land kaufen.
Si lo **hubiera sabido** no habría/hubiera invitado a Pilar y a su marido.	Wenn ich es gewußt hätte, hätte ich Pilar und ihren Mann nicht eingeladen.
Ven mañana si quieres.	Komm morgen (zu mir), wenn du willst.

4. Nach "decir"

Nach **"decir"** steht der Konjunktiv, **wenn eine Absicht, eine Aufforderung, ein Befehl ausgedrückt wird**.
Wenn es sich aber um eine Tatsache handelt, so steht der Nebensatz im Indikativ.

Te digo que **hables** con Pepe.	(Und) ich sage dir, du sollst mit Pepe sprechen.
La amiga de Ruth ha dicho que su madre está enferma.	Ruths Freundin hat gesagt, daß ihre Mutter krank ist.
Mi padre me dice siempre que **trabaje**.	Mein Vater sagt mir immer, ich soll arbeiten.
Mi padre dice que he trabajado demasiado.	Mein Vater sagt, daß ich zuviel gearbeitet habe.

(Zur Indirekten Rede im Spanischen s. Seiten 103–104.)

Imperativ

Der Imperativ (Befehlsform) wird für eine **direkte Aufforderung** an eine oder mehrere Personen gebraucht.

¡Toma!	Nimm!
¡Dígalo, no tenga miedo!	Sagen Sie es, (haben Sie) keine Angst!
¡No venga tarde, por favor!	Kommen Sie nicht (zu) spät, bitte!

(Zu den besonderen Imperativformen der 2. Person Singular und Plural, den übrigen bejahten und verneinten Formen und zur Stellung des Personalpronomens beim Imperativ s. Seiten 60–62, 114.)

Reflexive Verben

- Reflexive (rückbezügliche) Verben werden gebraucht bei **Handlungen, die sich auf das Subjekt beziehen**.

¿Ya te has lavado? Sí, pero aún no me he peinado.	Hast du dich schon gewaschen? Ja, aber ich habe mich noch nicht gekämmt.

Einige Verben werden **im Spanischen reflexiv** gebraucht, im Deutschen nicht (immer).

acostarse	zu Bett gehen	levantarse	aufstehen
bañarse	(sich) baden	llamarse	heißen
detenerse	stehen bleiben	pararse	stehenbleiben (Lateinamerika: aufstehen)
ducharse	(sich) duschen		
escaparse	entkommen		

- Einige Verben, z. B. morir(se), werden im Spanischen **reflexiv und nicht reflexiv gebraucht**. Die Bedeutung ändert sich dabei nicht wesentlich, die reflexive Form drückt eine stärkere Gefühlsbezogenheit aus.

El general murió en 1975.	Der General starb 1975.
Esta mañana se ha muerto Alfonso.	Heute morgen ist Alfonso gestorben.

- Bedeutungsunterschiede zwischen **reflexivem und nicht reflexivem Gebrauch** bestehen z. B. bei folgenden Verben:

cambiar (sich) ändern, wechseln	cambiarse sich umziehen
dormir schlafen	dormirse einschlafen
ir gehen, fahren	irse weggehen
parecer scheinen	parecerse ähnlich sein, sich ähneln
quedar übrigbleiben	quedarse bleiben
quedar (con) sich verabreden (mit)	

- Die dritte Person des reflexiven Verbs wird häufig **zur Übersetzung des deutschen unbestimmten „man" oder des Passivs** verwendet. Bei dieser Reflexivkonstruktion muß im Spanischen dann die **3. Person Plural** verwendet werden, wenn die Substantive, auf die sich das Verb bezieht, im Plural stehen.

Como se sabe…	Wie man (ja) weiß … / Bekanntlich …
Se vende (esta casa).	(Dieses Haus ist) zu verkaufen.
El vino de Rioja se exporta a muchos países.	Der Riojawein wird in viele Länder exportiert.
Se exportan naranjas y limones.	Es werden Apfelsinen und Zitronen exportiert. (Man exportiert …)

- Zur **Übersetzung von „man" bei reflexiven Verben** wird zusätzlich **"uno"** verwendet.

Se preocupa uno mucho.	Man macht sich viele Sorgen/ Gedanken.
Uno se levanta tarde los domingos.	Man steht sonntags spät auf.

- Bei **"ser"**, **"estar"**, **"tener"** kann **"uno" anstelle von "se"** zur Übersetzung des deutschen „man" gebraucht werden.

Se creen que uno es tonto.	Sie glauben, daß man dumm ist.
Uno/Se tendría que decir siempre la verdad, pero...	Man sollte immer die Wahrheit sagen, aber ...

Das Passiv

- Das Passiv (Leideform) wird im Spanischen wesentlich **seltener als im Deutschen** verwendet.

El Presidente de la República Federal de Alemania fue acompañado por el Jefe del Gobierno.	Der Bundespräsident wurde vom Regierungschef begleitet.
Esa casa ha sido construida hace pocos años.	Dieses Haus ist vor wenigen Jahren gebaut worden.

- **Anstelle des Passivs wird häufig die 3. Person** (Singular und Plural) **des reflexiven Verbs gebraucht** (s. Seite 96).
  Anstatt *son muy queridos en España* sie sind sehr beliebt in Spanien sagt man oft: *Se les quiere mucho en España.*

- Auch die **3. Person Plural** (Aktiv) kann **zur Übersetzung des deutschen Passivs** und vor allem zum Ausdruck der unpersönlichen Form verwendet werden.

Allí exportan esmeraldas.	Dort werden Smaragde exportiert.
Han construido muchas autopistas.	Es sind viele Autobahnen gebaut worden. (Man hat ...)

Infinitiv

Der Infinitiv (Grundform) wird verwendet:

1. Als **Subjekt**

Estudiar es bueno. Pasar hambre no es siempre una desgracia.	Lernen/Studieren ist gut. Hunger haben ist nicht immer ein Unglück.

2. Als **Objekt**

Isabel quiere estudiar arte. Cree conocer muy bien a Marta, pero no es verdad. Afirma haber visto ayer a Marisa.	Isabel will Kunst studieren. Er glaubt, Marta sehr gut zu kennen, es stimmt aber nicht. Er behauptet, Marisa gestern gesehen zu haben.

3. Als **Substantiv** wird der Infinitiv selten gebräucht und ist dann immer männlich.

El trasnochar tanto no es bueno para la salud.	Sich so oft die Nacht um die Ohren schlagen ist nicht gut für die Gesundheit.

Merke: Zahlreiche Infinitive sind zu Substantiven geworden (und werden dann im Singular und Plural verwendet), z. B.:

el atardecer, los atardeceres	Abenddämmerung(en)
el deber, los deberes	Pflicht(en)
el parecer, los pareceres	Meinung(en)
el pesar, los pesares	Leid(en)
el querer, los quereres	Liebe(n)

Gebrauch von “ser” – “estar”

Die Übersetzung des deutschen Hilfsverbs „sein“ ist im Spanischen **“ser”** oder **“estar”**.

1. **Ser**

a) **“Ser”** wird gebraucht zur Angabe **typischer und/oder dauerhafter Eigenschaften** von Personen und Dingen.

Pepe es simpático.	Pepe ist nett.
El té es amargo.	Tee ist bitter.
Esta blusa es roja.	Diese Bluse ist rot.
Este libro es muy bueno.	Dieses Buch ist sehr gut.

b) **Vor Substantiven** steht immer **“ser”**, also bei

- **Definition**

¿Qué es esto? Es un libro viejo.	Was ist das? Es ist ein altes Buch.
¿Y eso qué es? Son dos revistas nuevas.	Und was ist das? Es sind zwei neue Zeitschriften.

- **Verwandtschaft, Nationalität, Religion, Beruf**

Son mis padres.	Es sind meine Eltern.
Yo soy alemán, mi amiga es italiana.	Ich bin Deutscher, meine Freundin ist Italienerin.
María es católica.	Maria ist Katholikin/katholisch.
El marido de Diana es abogado.	Dianas Mann ist Rechtsanwalt.

- **Tag, Uhrzeit**

Hoy es domingo.	Heute ist Sonntag.
Mañana es el 4 de junio.	Morgen ist der 4. Juni.
¿Qué hora es? Son las tres y cuarto.	Wie spät ist es? Es ist Viertel nach drei.

c) **Mit der Präposition "de"** steht **"ser"** zur Angabe von **Herkunft, Besitz, Stoff, Material.**

¿Eres de Andalucía? ¿De quién es la bici? La blusa es de algodón. Esta regla es de plástico.	Bist du aus Andalusien? Wem gehört das Rad? Die Bluse ist aus Baumwolle. Dieses Lineal ist aus Plastik.

d) **„Ser"** wird zur **Bildung des Passivs** verwendet (s. Seiten 65–66).

2. **Estar**

a) **"Estar"** wird verwendet zur Angabe

- des **Orts** (auf die Frage „wo ist/liegt/steht/befindet sich etwas/jemand?", bei Substantiven mit der Präposition "en"!).

¿Dónde está el libro? Está en la mesa de Mario. Santa Fe está en Argentina.	Wo ist das Buch? Es liegt auf Marios Tisch. Santa Fe liegt in Argentinien.

- des **Sich-Fühlens** (zu einem bestimmten Zeitpunkt).

¿Cómo estás? Estoy bien. Estoy cansada. Está muy contento hoy.	Wie geht es dir? Mir geht's gut. Ich bin müde. Er ist heute sehr zufrieden.

- von **leicht veränderbaren Eigenschaften.**

Los platos no están limpios. El ordenador está estropeado.	Die Teller sind nicht sauber. Der Computer ist kaputt.

- eines **Zustandes nach stattgefundener Veränderung.**

Las ventanas están abiertas. La calle está mojada (después de la lluvia).	Die Fenster sind offen. Die Straße ist naß (nach dem Regen).

b) **"Estar"** wird auch **in Verbindung mit dem Gerundio** verwendet (s. Seite 89).

3. "Ser" und "estar" im Zusammenhang mit Adjektiven und Partizipien

Je nach Bedeutung kann im Zusammenhang mit Adjektiven oder Partizipien **"ser"** oder **"estar"** verwendet werden, z. B.:

ser an sich sein, so sein	estar vorübergehend sein, so aussehen
María **es** lista.	María **está** lista (para salir).
Maria ist intelligent/schlau.	Maria ist schon fertig.
Pedro **es** alegre.	Pedro **está** alegre porque le han invitado a una fiesta.
Pedro ist fröhlich / ein fröhlicher Mensch.	Pedro ist fröhlich / freut sich, weil er zu einem Fest eingeladen wurde.
Juana **es** vieja.	¡Qué vieja **está** Juana!
Juana ist alt (an Jahren).	Wie alt Juana aussieht!

Merke z. B. auch

ser aburrido	langweilig sein	**estar** aburrido	sich langweilen
ser agradecido	dankbar sein (ein dankbarer Mensch sein)	**estar** agradecido por	für etwas danken
ser duro	hart(herzig) sein	**estar** duro	hart/zäh sein (z. B. Speisen)
ser feliz	glücklich sein (grundsätzlich)	**estar** feliz	glücklich sein (weil z. B. etwas gut gelungen ist)

Beachte: „reich/arm sein" heißt eigentlich immer **"ser rico/pobre"**. Nur bei Speisen wird **"estar rico"** gut schmecken verwendet: *¡Qué rica estaba la paella de Pilar!* Wie gut Pilars Paella geschmeckt hat!
Nur im ironischen Sprachgebrauch heißt **"estar pobre"** im Augenblick keinen Pfennig haben.

Verwendung von "hay"

"Hay" es gibt, da ist/sind ist die unpersönlich gebrauchte 3. Person Singular Präsens von **"haber"**.
"Hay" hat keinen Plural!

- **"Hay"** wird im Zusammenhang **mit nicht näher bestimmten Substantiven** gebraucht, und zwar
  – beim Substantiv ohne Artikel
  – beim Substantiv mit unbestimmtem Artikel
  – vor Zahlen
  – vor unbestimmten Pronomen

¿Dónde hay sillas?	Wo sind Stühle?
Aquí hay una silla.	Hier ist ein Stuhl.
Ahí hay cuatro sillas.	Da sind vier Stühle.
Allí hay algunas sillas.	Dort sind ein paar Stühle.

Beachte: Bei bestimmtem Artikel wird **"estar"** verwendet: *La silla está aquí.* Der Stuhl ist hier. *Todas las sillas están en el comedor.* Alle Stühle sind im Eßzimmer.

- **"Hay"** kann **in allen Zeiten** des Indikativs und Konjunktivs gebraucht werden.

Hay mucha gente en la calle.	Es sind viele Menschen auf der Straße.
Había mucha gente en el cine.	Es waren viele Leute im Kino.
Ayer no hubo problemas con las entradas para el cine.	Gestern gab es keine Probleme mit den Eintrittskarten fürs Kino.
Siempre ha habido hombres que piensan así.	Es hat immer Männer/Menschen gegeben, die so denken.
Habrá muchas dificultades.	Es wird viele Schwierigkeiten geben.
Habría muchos turistas si el tiempo fuera mejor.	Es wären viele Touristen da, wenn das Wetter besser wäre.
No creo que haya ninguna dificultad.	Ich glaube nicht, daß es irgendwelche Schwierigkeiten gibt.
No creía/creí que hubiera tanto interés por la música en Madrid.	Ich glaubte nicht, daß das Musikinteresse in Madrid so groß ist/sei.

- **"Hay que"** + Infinitiv heißt „man muß …"

Hay que decírselo a José Luis.	Man muß es José Luis sagen.
Habría que contárselo a Marisa.	Man müßte es Marisa erzählen.

Zeitenfolge bei indirekter Rede und in anderen Nebensätzen

Bei der indirekten Rede gilt im allgemeinen:

1. Steht der **Hauptsatz im Präsens, Perfekt, Futur oder Konditional**, so **bleibt im Nebensatz die Zeit** der (vorausgesetzten) direkten Rede erhalten.

Direkte Rede	Indirekte Rede
"Yo compro el libro".	María dice/ha dicho que **compra** el libro.
Ich kaufe das Buch.	Maria sagt / hat gesagt, daß sie das Buch kauft.
"Yo compré el libro ayer".	María dice/dirá que **compró** el libro ayer.
Ich habe das Buch gestern gekauft.	Maria sagt / wird sagen, daß sie das Buch gestern gekauft hat.
"Yo compraré el libro".	María ha dicho que **comprará** el libro.
Ich werde das Buch kaufen.	Maria hat gesagt, daß sie das Buch kaufen wird.
"No he comprado ningún libro".	María diría que no **ha comprado** ningún libro.
Ich habe kein Buch gekauft.	Maria würde sagen, daß sie kein Buch gekauft hat.

2. Steht der **Hauptsatz im Imperfekt, Indefinido oder Plusquamperfekt**, so **verändert sich im Nebensatz die Zeit** der direkten Rede, und zwar wird
   Präsens zu ⟶ Imperfekt
   Perfekt zu ⟶ Plusquamperfekt
   Futur zu ⟶ Konditional

Direkte Rede	Indirekte Rede
Decía: "Nos gusta mucho España". Dijo: "Están en Paris". Dijo: "Hemos hablado con Carmen". Dijeron: "Tomaremos el avión". Habían dicho: "Iremos en avión".	Decía que les **gustaba** mucho España. Dijo que **estaban** en París. Dijo que **habían hablado** con Carmen. Dijeron que **tomarían** el avión. Habían dicho que **irían** en avión.

Beachte die besondere Konstruktion mit **"ir a"**:

Direkte Rede	Indirekte Rede
Dijiste: "Voy a venir".	Dijiste que **ibas** a venir.
Du sagtest: „Ich werde kommen."	Du sagtest, du würdest kommen.
Ha dicho: "Vamos a ir a Málaga".	Ha dicho que **iban** a ir a Málaga.
Er hat gesagt: „Wir fahren nach Málaga."	Er hat gesagt, sie würden nach Málaga fahren.

3. **Meistgebrauchte Zeitenfolgen:**

Hauptsatz		Nebensatz	
dice ha dicho	er/sie sagt er/sie hat gesagt	que **viene**	daß er/sie kommt
decía dijo	er/sie sagte er/sie sagte	que **venía**	daß er/sie komme (käme)

4. **Zeitenfolge in Nebensätzen mit Konjunktiv**

a) Steht der **Hauptsatz im Präsens, Perfekt oder Futur**, so wird im **Nebensatz der Konjunktiv Präsens oder Konjunktiv Perfekt** gebraucht.

Es necesario que **hables** con Juan.	Es ist nötig, daß du mit Juan sprichst.
Será necesario que se lo **digas**.	Es wird nötig sein, daß du es ihm sagst.
Ha sido importante que **hables/ hayas hablado** con él.	Es war wichtig, daß du mit ihm gesprochen hast.

b) Steht der **Hauptsatz im Imperfekt, Indefinido, Plusquamperfekt, Konditional I, Konditional II**, so wird in der Regel im **Nebensatz Konjunktiv Imperfekt oder Konjunktiv Plusquamperfekt** verwendet.

Era importante que Juan **tomara** esa medicina.	Es war wichtig, daß Juan dieses Medikament genommen hat.
Fue una sorpresa que ella **viniera** a Madrid.	Es war eine Überraschung, daß sie nach Madrid kam.
Había sido muy útil que tú **hablaras** con nosotros.	Es war sehr nützlich gewesen, daß du mit uns gesprochen hattest.
Sería necesario que **vendieras** el coche.	Es wäre nötig, daß du das Auto verkaufst.
Habría sido estupendo que tú **vinieras/hubieras venido**.	Es wäre schön gewesen, wenn du mitgekommen wärest.

Die Verneinung – La negación

Stellung und Verneinung

- **"No"** nein/nicht steht unmittelbar vor dem konjugierten Verb, wenn im Satz keine unbetonten Personalpronomen oder keine Reflexivpronomen gebraucht werden. Werden unbetonte Personalpronomen oder Reflexivpronomen verwendet, so steht **"no"** immer unmittelbar vor diesen.

Juan **no** ha venido esta tarde.	Juan ist heute abend nicht gekommen.
María **no** se lo dice.	Maria sagt es ihm/ihr/ihnen/Ihnen nicht.
Pedro **no** se ha peinado hoy.	Pedro hat sich heute nicht gekämmt.

- **"No"** übersetzt das deutsche Pronomen „kein" bei Verneinung vor Substantiven ohne bestimmten Artikel.

No tengo gana(s).	Ich habe keine Lust.
Ya **no** escribo más cartas.	Ich schreibe keine Briefe mehr.
Pepe **no** es médico.	Pepe ist kein Arzt.
Pepe **no** es un buen médico.	Pepe ist kein guter Arzt.

- **"Nada"** nichts steht meistens nach dem verneinten Verb. **"Nada"** kann auch als Hauptnegation, vor allem in der Poesie oder in der geschriebenen Sprache, vor dem Verb stehen.

Carlos **no** come **nada**.	Carlos ißt nichts.
Soy pobre, **nada** poseo.	Ich bin arm, habe nichts.

- **"Nunca"/"jamás"** nie/niemals, **"nunca más"** nie mehr, **"nunca jamás"** gar nicht, nie wieder können vor oder nach dem Verb stehen.

Nunca/Jamás habla de ello. No habla **nunca/jamás** de ello.	Er/Sie spricht nie davon.
Jamás lo haré.	Ich werde es niemals tun.
No lo haré **nunca más/nunca jamás**.	Ich werde es nicht mehr tun.

- **"Nadie"** niemand steht vor oder nach dem Verb.

Eso **nadie** lo sabe. Eso no lo sabe **nadie**.	} Das weiß niemand.

- **"Ninguno"/"ninguna"** keiner/keine/kein einziger/keine einzige stehen vor oder nach dem Verb. Sie werden nur im Singular verwendet. Vor männlichen Substantiven wird **"ninguno"** zu **"ningún"** verkürzt (s. auch Seiten 124–125).

- **"Ninguno"** allein hat die gleiche Bedeutung wie **"nadie"** niemand.

Enrique no tiene **ningún** libro.	Enrique hat kein (einziges) Buch.
Ninguna flor es fea.	Keine (einzige) Blume ist häßlich.
No quiere venir **ninguno**.	Keiner/Kein einziger/Niemand will kommen.

Merke: Stehen **"nada"**, **"nadie"**, **"nunca"**, **"ninguno"** nach dem Verb, so muß auch immer **"no"** vor dem Verb stehen.

Besonderheiten

- **"Alguno"** hat verneinende Bedeutung, wenn es einem Substantiv ohne Artikel nachgestellt wird. In diesem Fall steht **"alguno"** meistens hinter dem Verb.

No nos ha dado información **alguna**.	Er hat uns keine Auskunft gegeben.

- Der adverbiale Ausdruck **"en absoluto"** gilt – meistens nach dem Verb oder als negative Antwort – als Verneinung.

No lo he dicho **en absoluto**.	Ich habe es überhaupt nicht gesagt.
– ¿Has hablado con Cristina?	Hast du mit Cristina gesprochen?
– **En absoluto.**	Keineswegs.

- **"En mi/tu/su/nuestra/vuestra vida, en la vida"** kann eine verneinende Bedeutung haben, wenn es in Redewendungen mit Ausrufcharakter verwendet wird:

En su vida ha trabajado.	Er/Sie hat nie im Leben gearbeitet.
Eso no lo hemos hecho **en la vida**.	Das haben wir nie im Leben gemacht.

Das Adverb (Umstandswort) – El adverbio

Allgemeines

- Im Spanischen gibt es von der weiblichen Form des Adjektivs abgeleitete Adverbien mit der Endung **-mente**:
  lento **lentamente** langsam
  fácil **fácilmente** leicht

Habla muy lentamente. Eso lo hago yo fácilmente.	Er/Sie spricht sehr langsam. Das mache ich leicht.

- „gut" als Adverb = **bien**
  „schlecht" als Adverb = **mal**

Creo que Juanjo trabaja muy bien.	Ich glaube, daß Juanjo sehr gut arbeitet.
Yo canto muy mal.	Ich singe sehr schlecht.

Merke:

Está bien. Pepe está bien/mal. (María está mala.)	Es ist gut. Pepe geht es gut/schlecht. (Maria ist krank.)

- Häufig wird das **Adjektiv anstelle des Adverbs** verwendet.

María bajó la escalera rápida.	Maria ging schnell die Treppe herunter.
No sé si Alberto juega limpio.	Ich weiß nicht, ob Alberto ehrlich/fair spielt.

- Einige Adjektive bilden **keine Adverbformen**.

José habla siempre muy bajo. Vendimos la casa barata.	José spricht immer sehr leise. Wir haben das Haus billig verkauft.

Adverbiale Ausdrücke

- Häufig werden Adverbien durch **adverbiale Ausdrücke** ersetzt.

Lola se viste con elegancia (elegantemente).	Lola zieht sich elegant an.
En general el jefe viene a las ocho. (Generalmente…)	Im allgemeinen kommt der Chef um acht Uhr.

Andere adverbiale Ausdrücke sind z. B.:

a tiempo	rechtzeitig	en total	insgesamt
a veces	manchmal	muchas veces	oft
alguna vez	manchmal, irgendwann	otra vez	noch einmal, ein anderes Mal
de todos modos	jedenfalls, unbedingt	pocas veces	selten
		raras veces	selten
de vez en cuando	hin und wieder, ab und zu	por regla general	im allgemeinen
		una vez	einmal
en cambio	aber, dagegen	varias veces	häufig; mehrfach
en serio	im Ernst, ernst		

- Neben Adverbien der Art und Weise ("despacio" langsam), des Ortes ("aquí" hier, "arriba" oben), der Zeit ("ahora" jetzt, "ayer" gestern) usw., gibt es im Spanischen die Möglichkeit der **verbalen Umschreibung von Adverbien**, z. B.:

Estoy comiendo.	Ich esse gerade.
Siga leyendo, por favor.	Lesen Sie bitte weiter.
Voy a mirar.	Ich werde gleich sehen.

Vergleich und Steigerung des Adverbs

- Die **regelmäßige Steigerung** des Adverbs wird wie beim Adjektiv gebildet.

Positiv	claramente	klar, deutlich
Komparativ	más claramente (que)	klarer, deutlicher (als)
Superlativ	clarísimamente, lo más claramente	absolut klar/deutlich, ganz klar

Lo he dicho claramente. Lo diré más claramente todavía. Él lo ha dicho clarísimamente / lo más claramente posible.	Ich habe es klar und deutlich gesagt. Ich werde es noch deutlicher sagen. Er hat es sehr deutlich / so klar wie möglich gesagt.

- „Ebensoviel wie" heißt **"tanto… como"**.

Pepe trabaja tanto como Miguel.	Pepe arbeitet ebensoviel wie Miguel.
De eso no entiendo tanto como tú.	Davon verstehe ich nicht soviel wie du.

- „Genau(so) wie" heißt **"igual que"**, **"lo mismo que"**.

María trabaja igual que su hermana.	Maria arbeitet genauso wie ihre Schwester.
Creo que gana más o menos lo mismo que yo.	Ich glaube, er/sie verdient etwa genausoviel wie ich.

- **Unregelmäßige Steigerung**

"bien" gut, **"mal"** schlecht steigern wie die Adjektive "bueno", "malo" (s. Seiten 36–37).

"mucho" viel steigert: **"más que"** mehr als – **"muchísimo"**, **"lo/el/la que más"** sehr viel, am meisten.

"poco" wenig steigert: **"menos que"** weniger (als) – **"poquísimo"**, **"lo/el/la que menos"** sehr wenig, am wenigsten.

Caramba, lo has hecho mejor que yo.	Mensch, du hast es besser gemacht als ich.
Las computadoras me interesan mucho.	Computer interessieren mich sehr.
Los coches me interesan poco.	Autos interessieren mich wenig.
La televisión me interesa menos todavía.	Fernsehen interessiert mich noch weniger.
La cablevisión es lo que menos me interesa.	Kabelfernsehen interessiert mich am allerwenigsten.
Yo hablo mucho, pero tú hablas más que yo; el que más habla es tu hermano.	Ich spreche viel, aber du sprichst noch mehr als ich; am meisten spricht dein Bruder.

- **Bei Zahlen** heißt „mehr als"/„über" **"más de"**.

Había más de 100.000 personas allí. Esa radio no costará más de 200 marcos.	Es waren mehr als/über 100.000 Menschen dort. Dieser Radioapparat wird wohl nicht mehr als 200 Mark kosten.

Merke: "No más que" im Zusammenhang mit Zahlen heißt „nur".

No tengo más que mil pesos.	Ich habe nur 1000 Pesos.

Das Pronomen (Fürwort) – El pronombre

Personalpronomen (Persönliches Fürwort) – Pronombre personal

Deklination

Nominativ		Dativ		Akkusativ	
yo	ich	me	mir	me	mich
tú	du	te	dir	te	dich
él	er		ihm	le, lo	ihn
ella	sie	le	ihr	la	sie
usted	Sie		Ihnen	le, lo	Sie
nosotros, nosotras	wir	nos	uns	nos	uns
vosotros, vosotras	ihr	os	euch	os	euch
ellos	sie		ihnen	les, los	sie
ellas	sie	les		las	sie
ustedes	Sie		Ihnen	les, los, las	Sie

nach Präposition	
para mí	für mich
para ti	für dich
para él	für ihn
para ella	für sie
para usted	für Sie
para nosotros/nosotras	für uns
para vosotros/vosotras	für euch
para ellos	für sie
para ellas	für sie
para ustedes	für Sie

Nominativ des Personalpronomens

Das Personalpronomen im Nominativ wird nur gebraucht

- zur Hervorhebung der Person als Subjekt
- wenn nicht deutlich ist, welche Person das Subjekt ist

Yo voy a Madrid, y **tú** a Sevilla.	Ich fahre nach Madrid und du nach Sevilla.
Él quería a María, y **yo** a Ana.	Er liebte Maria, und ich (liebte) Ana.

Dativ des Personalpronomens

Juan **me** regala un libro.	Juan schenkt mir ein Buch.
Juan **te** regala un libro.	Juan schenkt dir ein Buch.
Juan **le** regala un libro.	Juan schenkt ihm/ihr/Ihnen ein Buch.
Juan **nos** regala un libro.	Juan schenkt uns ein Buch.
Juan **os** regala un libro.	Juan schenkt euch ein Buch.
Juan **les** regala un libro.	Juan schenkt ihnen/Ihnen ein Buch.

Akkusativ des Personalpronomens

Pilar **me** conoce.	Pilar kennt mich.
Pilar **te** conoce.	Pilar kennt dich.
Pilar **le/lo*** conoce.	Pilar kennt ihn, Sie.
Pilar **la** conoce.	Pilar kennt sie.
Pilar **nos** conoce.	Pilar kennt uns.
Pilar **os** conoce.	Pilar kennt euch.
Pilar **los/les*** conoce.	Pilar kennt sie, Sie.
Pilar **las** conoce.	Pilar kennt sie, Sie.

* Für männliche Personen oder Lebewesen wird die Akkusativform **le, les mehr in Spanien**, die Form **lo, los mehr in Lateinamerika** verwendet: *Lo/Le llamo por teléfono.* Ich rufe ihn an.
(Anstatt der weiblichen Dativform **"le"** gebraucht man in verschiedenen Regionen Spaniens oft "la" – "laísmo" –: *La escribo a veces.* Ich schreibe ihr manchmal. Korrekte Form: *Le escribo a veces.*)

- **Lo** bezeichnet nicht nur eine Person oder eine Sache, sondern **auch einen vollen Satz oder neutrale Ausdrücke**.

Cuando Marcos hace algo, **lo** hace bien.	Wenn Marcos etwas tut, tut er es gut.
Isabel está enferma, pero no se **lo** dice a nadie.	Isabel ist krank, sie sagt es aber niemandem.

- **Für mehrere Personen oder Dinge**, von denen mindestens eine männlich ist, wird das männliche Pronomen **los** verwendet.

Mira la camisa y el pantalón.	Siehe mal das Hemd und die Hose an.
Los compré ayer.	Ich habe sie gestern gekauft.
¿Dónde están Miriam y Carlos?	Wo sind Miriam und Carlos?
¿**Los** has visto?	Hast du sie gesehen?

Doppeltes Personalpronomen

Dativ und Akkusativ des Personalpronomens **nach der Präposition "a"** werden vor oder nach dem Verb **nie allein** verwendet. Oft dienen sie zur Betonung der Dativ- bzw. Akkusativformen ohne Präposition.*

María **me** lo dio **a mí**.	Ich habe nicht alles gelesen.
A nosotros no **nos** lo dice.	Er/Sie verkauft alles.
A ella no **la** veo nunca.	Alles macht er/sie kaputt.

* Dabei soll man aber nicht Personalpronomen mit Reflexivpronomen verwechseln. Das Pronomen "me" in den folgenden beiden Sätzen ist reflexiv: *¿Conoces al señor Garcés? No, ahora me presento a él.* Kennst du Herrn Garcés? Nein, jetzt stelle ich mich ihm vor. *Yo me presenté a él la semana pasada, ya lo sabes.* Ich stellte mich ihm letzte Woche vor, das weißt du schon.

- Steht **ein Substantiv oder ein Demonstrativpronomen** (este, aquello…) als direktes oder indirektes Objekt **vor dem Verb**, so muß **auch noch das entsprechende Personalpronomen** verwendet werden.

El vino **lo** compró ahí.	Den Wein kaufte er/sie da.
A Pili **le** regalé una pulsera.	Pili schenkte ich ein Armband.
Eso no **lo** creo.	Das glaube ich nicht.
A ése no **le** doy dinero.	Dem gebe ich kein Geld.

- **In Verbindung mit "todo"** als direktem Objekt (im Akkusativ) steht auch **immer das Pronomen "lo"** vor dem Verb.

No **lo** he leído todo.	Maria gab es mir.
Lo vende todo.	Uns sagt sie/er es nicht.
Todo **lo** rompe.	Sie sehe ich nie.

Stellung des Personalpronomens

- Die **unbetonten Pronomenformen** für Dativ und Akkusativ ohne Präposition stehen immer **unmittelbar vor dem konjugierten Verb (Dativ immer vor Akkusativ)**.

Pedro no me ha invitado a comer.	Pedro hat mich nicht zum Essen eingeladen.
Te lo dije ayer.	Ich sagte es dir gestern.

- Beim **gleichzeitigen Gebrauch von zwei Personalpronomen** steht der **Dativ immer vor dem Akkusativ**. In der 3. Person Singular und Plural wird **"le", "les" zu "se"**.

Me lo dice.	Er sagt es mir.	Os lo dice.	Er sagt es euch.
Nos lo dice.	Er sagt es uns.	**Se** lo dice.	Er sagt es ihm/ihr/ihnen/Ihnen.
Te lo dice.	Er sagt es dir.		

- Das Personalpronomen **kann an den Infinitiv und das Gerundium, muß an den bejahten Imperativ angehängt werden**.

Inés quiere **comprarlo** / lo quiere comprar.	Ines will es kaufen.
Está **escribiéndolo** / Lo está escribiendo ahora.	Sie/Er schreibt es gerade jetzt.
Tráelo, por favor.	Bring es hierher, bitte.
Dámelo.	Gib es mir.

Besonderheiten

- **Ello** wird meistens **nur mit Präposition** gebraucht: *por ello* deshalb, *con ello* damit, *de ello* davon.
  Für den Nominativ gebraucht man selten "ello", sondern fast immer die Demonstrativpronomen "esto", "eso", "aquello" dieses hier, dieses dort, jenes (s. auch Seiten 122–123): *Eso no me gusta.* Das gefällt mir nicht.

- Will man bei gleichzeitigem Gebrauch zweier Personalpronomen eines ohne Präposition als direktes Objekt benutzen, so steht **das andere Personalpronomen (im Dativ) mit der Präposition "a"**.

Me presentas **a ella**.	Du stellst mich ihr vor.
Te presento **a ella**.	Ich stelle dich ihr vor.
Le presento **a ella**.	Ich stelle ihn / Sie ihr vor.

- Will man von zwei Personalpronomen eines als indirektes Objekt (im Dativ) verwenden, so kann auch ein zweites Pronomen im Akkusativ stehen.

Me la presentas.	Du stellst sie mir vor.
Te la presento.	Ich stelle sie dir vor.
Se la presento.	Ich stelle sie ihm/ihr/ihnen/Ihnen vor.

- Nach den Präpositionen **entre** zwischen, **excepto, menos** außer steht im Spanischen die **Nominativform** des Personalpronomens.

Entre **tú** y **yo** no hay problemas.	Zwischen dir und mir sind keine Probleme.
Todos menos **él**.	Alle außer ihm.

- Nach der Präposition "con" heißt das Personalpronomen für die 1. und 2. Person Singular **conmigo, contigo** (sonst "con nosotros" usw.).

¡Ven **conmigo**!	Komm mit mir!
¿Viaja Pedro **contigo**?	Fährt Pedro mit dir?

Reflexivpronomen (Rückbezügliches Fürwort) – Pronombre reflexivo

Formen des Reflexivpronomens

Die Formen des Reflexivpronomens sind unbetont und stehen **unmittelbar vor dem konjugierten Verb**.
Das Reflexivpronomen hat in der **1. und 2. Person Singular und Plural die gleiche Form des Personalpronomens** (aber mit einer anderen Funktion).

me lavo	ich wasche mich	nos lavamos	wir waschen uns
te lavas	du wäschst dich	os laváis	ihr wascht euch
se lava	er wäscht sich	se lavan	sie waschen sich

Stellung des Reflexivpronomens

Das Reflexivpronomen **muß an den bejahten Imperativ, kann an den Infinitiv und das Gerundium angehängt** werden.

¡**Levántate** ya!	Steh' schon auf!
Carlos quiere **vestirse** / se quiere vestir.	Carlos will sich anziehen.
Isabel está **peinándose** / Isabel se está peinando.	Isabel kämmt sich gerade.

Besonderheiten

Die 1. und 2. Person Plural des bejahten Imperativs der Reflexivverben verändern sich (marchem**os**, marchém**o**nos).

¡Lavemos la ropa!	Waschen wir die Wäsche!
¡Vestid al niño!	Zieht das Kind an!

¡Lavémonos!	Waschen wir uns!
¡Vestíos!	Zieht euch an!

- "Se" ist nicht nur eine Form des Personal- und Reflexivpronomens. **"Se" kann auch die unpersönliche Form bilden und zur Umschreibung des Passivs dienen** (s. auch Seiten 96–97).
  In diesen beiden Fällen steht das Verb in **der 3. Person Singular oder Plural** je nach der Ein- oder Mehrzahl des direkten Objekts. Fehlt das Objekt, so steht das Verb immer in der 3. Person Singular.

Aquí se trabaja mucho.	Hier arbeitet man viel. / Hier wird viel gearbeitet.
Desde aquí se ve toda la ciudad.	Von hier aus sieht man die ganze Stadt.
Se publican muchos libros.	Viele Bücher werden veröffentlicht.
Aquí se aprende poco.	Hier lernt man wenig.

- Die **unpersönliche Form bei reflexiven Verben** wird in der 3. Person Singular mit **"uno se"** oder **"se … uno"** gebildet (s. auch Seite 97).

Uno se acostumbra a todo. / Se acostumbra uno a todo.	Man gewöhnt sich an alles.

Relativpronomen (bezügliches Fürwort) – Pronombre relativo

Allgemeines

Das Relativpronomen leitet einen Nebensatz ein, der sich auf ein **vorangehendes Wort** oder auf den **Inhalt des vorangehenden Satzes bezieht**.

Spanische Relativpronomen:

que el que la que	lo que los que las que	quien quienes	

el cual la cual lo cual	los cuales las cuales	cuyo cuya	cuyos cuyas

Relativpronomen "que"

1. **"Que" ohne Präposition und ohne Artikel** ist Nominativ oder Akkusativ, hat die Funktion eines Subjekts bzw. eines direkten Objekts, gilt für **männlich, weiblich, Singular und Plural, Personen oder Sachen**. Es wird von allen Relativpronomen am meisten gebraucht.

El señor que habló con tu padre.	Der Herr, der mit deinem Vater gesprochen hat.
Las señoras que vinieron ayer.	Die Damen, die gestern gekommen sind.
Una novela que refleja la sociedad actual.	Ein Roman, der die heutige Gesellschaft spiegelt.
Estos son los dos libros que ha escrito Enrique.	Dies sind die zwei Bücher, die Enrique geschrieben hat.

2. **"Que" mit Präposition und ohne Artikel** kann männlich oder weiblich, Singular oder Plural sein und wird **fast immer bei Sachen** gebraucht. Es wird als Plural wenig verwendet und steht meistens mit den Präpositionen "a", "con", "de", "en".

El libro a que te refieres.	Das Buch, auf das du dich beziehst.
La pluma con que escribo.	Die Feder, mit der ich schreibe.
Los hoteles de que te hablo.	Die Hotels, von denen ich dir erzähle.
Las ciudades en que estuviste.	Die Städte, in denen du warst.

3. **"Que" mit Präposition und mit bestimmtem Artikel** wird sehr häufig **für Personen und Sachen** gebraucht und kann

a) mit der Präposition "a" direktes oder indirektes Objekt sein

La chica a la que llamo por teléfono está enferma.	Das Mädchen, das ich anrufe, ist krank.
Los amigos a los que te presenté ayer son escritores.	Die Freunde, denen ich dich gestern vorgestellt habe, sind Schriftsteller.

b) mit allen Präpositionen zum Ausdruck aller anderen Angaben (Ursache, Modus, Zeit, Ort, Richtung, Zweck usw.) verwendet werden

Ursache	La razón por la que te escribo.
	Der Grund, weshalb / warum ich dir schreibe.
Modus	La mirada con que te mira.
	Der Blick, mit dem er/sie dich ansieht.
Zeit	Aquellos años en los que no te vi.
	Diese Jahre damals, in denen ich dich nicht gesehen habe.
Ort	La casa en la que vivo.
	Das Haus, in dem / wo ich wohne.
Richtung	La ciudad a la que viajo hoy.
	Die Stadt, in die ich heute fahre.
Zweck	El concierto para el que fuiste a Viena.
	Das Konzert, zu dem du nach Wien gefahren bist.

4. **"Que" mit bestimmtem Artikel (mit und ohne Präposition)** kann einen **Relativsatz ohne explizites Bezugswort einleiten.**

Que venga el que quiera.	Komme, wer da will.
La que más ladra es tu perrita.	Das Hündchen, das am meisten bellt, ist deines.
Los que están ahí son los mejores.	Die, die dort sind, sind die besten.
Pepita y Toñi son las que siempre llegan tarde.	Pepita und Toñi sind diejenigen, die immer zu spät kommen.
Por lo que me dices, Rafael está muy malo.	Nach dem, was du mir sagst, ist Rafael sehr krank.
Para los que vengan habrá champán francés.	Für die, die kommen, gibt es Champagner.

Relativpronomen "quien"

- **"Quien" ist männlich oder weiblich und bezieht sich immer auf Personen.**
  Es wird meistens mit Präposition und immer ohne Artikel gebraucht.

El amigo a quien llamé ayer por teléfono vendrá hoy.	Der Freund, den ich gestern angerufen habe, wird heute kommen.
La señora a quien escribo es muy inteligente.	Die Dame, der ich schreibe, ist sehr intelligent.
La familia con quien comí ayer es argentina.	Die Familie, bei der ich gestern gegessen habe, kommt aus Argentinien.

- Die Mehrzahl **"quienes" verwendet man weniger.**
  Im Sprachgebrauch wird "los que", "las que" bevorzugt. Man sagt z. B. anstatt *Los amigos con quienes viajé a Madrid* im allgemeinen *Los amigos con los que viajé a Madrid.* Die Freunde, mit denen ich nach Madrid gefahren bin.

- **"Quien" ohne Präposition** ist Subjekt und **leitet oft Sentenzen oder Sprichwörter** ein.

Quien da pan a perro ajeno pierde pan y pierde perro.	Wer einem fremden Hund Brot gibt, der verliert Brot und Hund.
Quien siembra viento recoge tempestades.	Wer Wind sät, wird Sturm ernten.

Relativpronomen "el cual", "la cual"

Das Relativpronomen **"el cual", "la cual"** (Plural: **"los cuales", "las cuales"**) wird **immer mit bestimmtem Artikel** und meistens mit Präpositionen verwendet.
Es wird im allgemeinen selten gebraucht.

- **"Lo cual"** und **"lo que"** (Neutrum) beziehen sich nicht auf Personen oder Sachen, sondern auf **Inhalte oder Aussagen**.

- **"Lo cual"** bezieht sich auf einen **vorausgehenden Satz. "Lo que"** bezieht sich auf einen **nachstehenden Satz.**

Pepe ha aprobado el examen, lo cual celebramos hoy.	Pepe hat die Prüfung bestanden, was wir heute feiern.
Lo que celebramos hoy es que Pepe ha aprobado el examen.	Was wir heute feiern ist, daß Pepe die Prüfung bestanden hat.
Juan no tiene suficiente con lo que gana.	Juan hat nicht genügend mit dem, was er verdient.

Relativpronomen "cuyo", "cuya", "cuyos", "cuyas"

- Das Relativpronomen "cuyo", "cuya", "cuyos", "cuyas" dessen, deren richtet sich im Gegensatz zum Deutschen im Geschlecht und Zahl **nicht nach dem vorangehenden, sondern nach dem folgenden Substantiv**.
  Es wird immer in Verbindung mit einem darauffolgenden Substantiv verwendet.

La escritora cuyo libro apareció ayer.	Die Schriftstellerin, deren Buch gestern erschienen ist.
El escritor cuya novela apareció el año pasado.	Der Schriftsteller, dessen Roman voriges Jahr erschienen ist.
Las novelistas cuyos libros aparecieron ayer.	Die Romanschriftstellerinnen, deren Bücher gestern erschienen.
Los novelistas cuyos libros más se han vendido.	Die Romanschriftsteller, deren Bücher am meisten verkauft worden sind.

- **Vor "cuyo", "cuya", "cuyos", "cuyas" steht manchmal eine Präposition**, die sich aber eigentlich nicht auf das Relativpronomen, sondern auf das folgende Substantiv bezieht.

Mi amigo, en cuya casa estuve ayer, es médico.	Mein Freund, in dessen Haus ich gestern war, ist Arzt.
La señora a cuyos padres te presenté es la mujer de Juan.	Die Dame, deren Eltern ich dir vorstellte, ist die Frau von Juan.
Éste es el amigo con cuya hermana fuimos al cine el domingo.	Das ist der Freund, mit dessen Schwester wir am Samstag ins Kino gegangen sind.

Possessivpronomen (Besitzanzeigendes Fürwort) – Pronombre posesivo

- **Formen**

unbetont		betont
mi, mis	mein, meine	mío, mía, míos, mías
tu, tus	dein, deine	tuyo, tuya, tuyos, tuyas
su, sus	sein, seine ihr, ihre Ihr, Ihre	suyo, suya, suyos, suyas
nuestro, nuestros nuestra, nuestras	unser, unsere	nuestro, nuestros nuestra, nuestras
vuestro, vuestros vuestra, vuestras	euer, eure	vuestro, vuestros vuestra, vuestras
su, sus	ihr, ihre Ihr, Ihre	suyo, suya, suyos, suyas

- **Die betonten Formen** stehen
  a) allein – nach dem Verb "ser"
  b) allein – nach bestimmtem Artikel (substantiviert)
  c) nach einem Substantiv (adjektivisch)

Este libro es mío.	Dieses Buch gehört mir.
La carpeta azul es la vuestra.	Die blaue Mappe ist die eure.
¿Las casetes? Yo sólo tengo la mía.	Die Cassetten? Ich habe nur meine.
Ayer tuve carta suya.	Gestern bekam ich einen Brief von ihm/ihr/Ihnen.

- **"Su", "suyo"**
  Bei den Formen "su", "sus" bzw. "suyo", "suya", "suyos", "suyas" ist es manchmal **nicht ganz klar**, auf wen sie sich beziehen. Dann kann man anstatt dieser Possessivpronomen **das entsprechende Personalpronomen mit der Präposition "de"** verwenden: *Éste es su libro. = Éste es el libro de él / de ella / de usted / de ellos / de ellas / de ustedes.* Das ist sein/ihr/Ihr Buch.

- **"Su libro de usted"**
  Mit "su" als Höflichkeitsform verwendet man ab und zu **auch die Höflichkeitsform des Personalpronomens** mit der Präposition "de": *¿Ha estado su madre de usted en Hamburgo?* Ist Ihre Mutter in Hamburg gewesen?

- **"¡Dios mío!"**
  Beim Gebrauch des Possessivpronomens der 1. Person im Ausruf wird die betonte Form verwendet und dem Substantiv nachgestellt.

¡Amor mío!	Meine Liebe!
Padre nuestro que estás en los cielos.	Vater unser, der Du bist im Himmel.

Demonstrativpronomen (Hinweisendes Fürwort) – Pronombre demonstrativo

Formen

este	ese	libro	dieses Buch hier	das Buch da
esta	esa	silla	dieser Stuhl hier	der Stuhl da
estos	esos	niños	diese Kinder hier	die Kinder da
estas	esas	rosas	diese Rosen hier	die Rosen da
esto	eso	—	das hier	das.da

aquel	libro	das Buch dort
aquella	silla	der Stuhl dort
aquellos	niños	die Kinder dort
aquellas	rosas	die Rosen dort
aquello	—	das dort

Este, esta, esto

Diese Formen weisen auf alles hin, was örtlich oder zeitlich **in unmittelbarer Nähe des Sprechenden** liegt.

Este libro que estoy leyendo es muy divertido.	Dieses Buch, das ich gerade lese, ist sehr amüsant.
Estas tardas de verano son muy bellas.	Diese Sommerabende sind sehr schön.
Esto no me gusta nada.	Das gefällt mir gar nicht.

Ese, esa, eso

Diese Formen weisen auf alles hin, was örtlich oder zeitlich **in der Nähe des Sprechenden, aber nicht in der unmittelbaren Nähe** liegt.

Esos niños gritan mucho.	Diese Kinder (da) schreien sehr laut.
Esas flores de ayer eran muy caras.	Diese Blumen von gestern waren sehr teuer.
Eso no es verdad.	Das ist nicht wahr.

Aquel, aquella, aquello

Diese Formen weisen auf alles hin, was örtlich oder zeitlich nicht in der Nähe des Sprechenden, sondern **weiter weg** liegt.

Aquellos árboles no tienen hojas.	Die Bäume dort haben keine Blätter.
Aquella tarde perdió el Real Madrid.	An jenem Abend verlor Real Madrid.
Aquello fue horrible.	Das damals war schrecklich.

Besonderheiten

- Neutrum **"esto"**, **"eso"**, **"aquello"** steht **immer allein und ohne Akzent**.
- Das Demonstrativpronomen steht **ohne Akzent beim Substantiv**. Steht es allein, kann es einen Akzent haben (vor allem um Verwechslungen zu vermeiden).

Este libro es mío, pero ése no.	Dieses Buch gehört mir, aber das da nicht.

- Das Demonstrativpronomen **stimmt immer mit dem Substantiv überein**, auf das es sich bezieht.

Éste es mi hermano.	Das hier ist mein Bruder.

- Bei **"esto"**, **"eso"**, **"aquello"** stimmt das Pronomen mit dem Substantiv deswegen nicht überein, weil das Demonstrativpronomen sich nicht auf dieses Substantiv, sondern **auf eine bereits bekannte Tatsache** bezieht.

Esto es un problema.	Das ist ein Problem.
Eso es mentira.	Das ist gelogen.
Aquello fue la solución.	Das (damals) war die Lösung.

Indefinites Pronomen (Unbestimmtes Fürwort) – Pronombre indefinido

- Die unbestimmten Fürwörter übernehmen die **Funktion eines Substantivs oder eines Adjektivs.**

1. Indefinite Pronomen, die **nur in substantivischer Funktion** gebraucht werden, sind **unveränderlich** und stehen im **Singular**.

algo	etwas	¿Te han dicho algo? Hat man dir etwas gesagt?
nada	nichts	No me han dicho nada. Man hat mir nichts gesagt.

alguien	jemand	¿Ha venido alguien? Ist jemand gekommen?
nadie	niemand	No ha venido nadie. Es ist niemand gekommen.
cualquiera*	jeder	Eso lo sabe cualquiera. Das weiß jeder.

* Der Plural "cualesquiera" wird sehr selten verwendet.

2. Indefinite Pronomen **mit substantivischer und adjektivischer Funktion**.

alguno – algún* alguna algunos – algunas	(irgend) einer (irgend) eine einige	Voy a comprar algunos de sus discos. Ich werde (irgend)eine seiner Schallplatten kaufen. Algún día lo sabrás. Eines Tages wirst du es erfahren. Hoy faltan algunos alumnos. Heute fehlen einige Schüler. He leído alguno de sus artículos. Ich habe einige Ihrer Artikel gelesen.

ninguno – ningún* ninguna	keiner, kein einziger keine, keine einzige	No la sabe ninguno de ellos. Keiner von ihnen weiß es. No tiene ningún pariente. Er/Sie hat keine Verwandten mehr. Ninguna de las tres es alta. Keine von den drei (Mädchen) ist groß. No cabe ninguna duda. Es besteht gar kein Zweifel.

* "Alguno" und "ninguno" werden vor männlichen Substantiven zu **algún** und **ningún** verkürzt (s. auch Seite 106). "Ningunos", "ningunas" (Mehrzahl) wird fast nie gebraucht.

otro	ein anderer	Pepe tiene otro coche. Pepe hat ein anderes Auto. Otra no lo haría. Eine andere würde es nicht tun.

3. Indefinite Pronomen **mit rein adjektivischer Funktion**.

cada (unveränderlich)	jeder	Cada cumpleaños le regalo flores. Zu jedem Geburtstag schenke ich ihr Blumen. Vamos a Italia cada dos o tres años. Wir fahren alle zwei oder drei Jahre nach Italien.
cualquier (unveränderlich)	jeder, irgendein	Llegará en cualquier momento. Er wird jeden Augenblick kommen. Vendrá cualquier día. Eines Tages wird er kommen. Eso lo ha leído en cualquier revista. Das hat er in irgendeiner Zeitschrift gelesen.
cada uno, cada una*	jeder, jede	¡Que escriba una carta cada uno! Jeder soll einen Brief schreiben! Cada uno de nosotros es responsable. Jeder von uns ist verantwortlich.
tal	ein solcher	Yo no he dicho tal cosa. Ich habe so etwas nicht gesagt. No compres tal libro. Kauf ein solches Buch nicht.
cierto	ein gewisser	Ciertas expresiones vulgares no le gustan. Gewisse vulgäre Ausdrücke gefallen ihm/ihr nicht.
mucho	viel	Martín come muchas naranjas. Martin ißt viele Orangen.
poco	wenig	Tengo poco tiempo. Ich habe wenig Zeit. ¡Qué poca paciencia tienes! Wie wenig Geld du hast!
tanto	soviel	No fumes tantos cigarrillos. Rauch nicht so viele Zigaretten.

4. **mismo**

Auch dieses Pronomen wird **in rein adjektivischer Funktion** verwendet.

(el) mismo	derselbe	Antonio y Paco nacieron el mismo día y a la misma hora. Antonio und Paco sind am selben Tag und zur gleichen Stunde geboren. Llevas la misma blusa que yo. Du hast dieselbe Bluse an wie ich.

(yo, tú, él, usted) mismo	selbst	Yo mismo lo vi. Ich selbst sah es. Léalo usted mismo. Lesen Sie es selbst.
(ella, usted) misma	selbst	Ella misma me lo dijo. Sie selbst sagte es mir. ¿Lo ha escrito usted misma? Haben Sie es selbst geschrieben?
(nosotros, vosotros, ustedes, ellos) mismos	selbst	Ustedes mismos pueden hacer la comida. Sie können selbst das Mittagessen zubereiten. Vamos a ir nosotros mismos. Wir werden selbst hingehen.
(nosotras, vosotras, ustedes, ellas) mismas	selbst	Vosotras mismas os convenceréis. Ihr werdet euch selbst überzeugen. Ellas mismas lo cantarán. Sie selbst werden es singen.

5. **todo**

Bei **"todo" vor einem Substantiv** verwendet man meistens den **bestimmten Artikel** zwischen "todo" und dem Substantiv.
Der **Artikel kann entfallen**, wenn es sich um eine Verallgemeinerung handelt.
Steht **"todo" allein als Akkusativobjekt**, so muß man im Satz das Personalpronomen "lo" dazu verwenden.

He estado todo el día en el campo.	Ich war den ganzen Tag auf dem Lande.
Toda afectación es mala.	Alle Affektiertheit ist schlecht.
Dímelo todo.	Sag mir alles.

Fragepronomen und Fragewörter – Pronombres y partículas interrogativas

Fragepronomen und Fragewörter tragen **immer einen Akzent** (dasselbe gilt für Ausrufewörter).

- **Quién**

  "Quién" wer? fragt nach **Personen**, steht allein oder nach Präposition und ist **männlich und weiblich.**
  "Quiénes" (Plural) wird selten gebraucht.

¿Quién te lo ha dicho?	Wer hat es dir gesagt?
¿A quién llamas?	Wen rufst du an?
¿De quién habláis?	Von wem sprecht ihr?
¿Con quién se casa María?	Wen heiratet Maria?
¿En quién puedes confiar?	Auf wen kannst du vertrauen?
¿Para quién son las flores?	Für wen sind die Blumen?
¿Por quién pregunta usted?	Nach wem fragen Sie?
¿Sobre quién haces la tesis?	Über wen schreibst du die Dissertation?
¿Quiénes son esas chicas?	Wer sind diese Mädchen?
¡Quién lo diría!	Wer hätte das gesagt!

- **Qué**

  "Qué" was?, welcher?, welche?, was für ein(e) fragt nach **Dingen**, steht allein oder nach Präposition, gilt für **männlich oder weiblich, Singular oder Plural**. (In Verbindung mit einem Substantiv kann es aber auch manchmal nach Personen fragen.)

¿Qué dices?	Was sagst du?
¿A qué cine vas hoy?	In welches Kino gehst du heute?
¿De qué tienes miedo?	Wovor hast du Angst?
¿Con qué quito esa mancha?	Womit entferne ich diesen Fleck?
¿De qué autor es "La vida es sueño"?	Von wem ist „Das Leben ein Traum"?
¿En qué estas pensando?	Woran denkst du (gerade)?
¿Para qué necesitas tanto dinero?	Wozu brauchst du so viel Geld?
¿Por qué no me escribes?	Warum schreibst du mir nicht?
¿Sobre qué va a hablar Pepe?	Worüber wird Pepe sprechen?
¿A qué hora llega el tren?	Um wieviel Uhr kommt der Zug an?
¿Qué hora es?	Wieviel Uhr ist es?
¿Qué noticias traes?	Was für Nachrichten bringst du?
¡Qué bonito!	Wie schön!

- **Cuál**

"Cuál" welcher?, welche?, welches? fragt nach **Personen oder Dingen** und dient zur **Bestimmung oder Auswahl** von etwas unter einer angenommenen Gruppe oder Menge.

¿Cuál es la capital de Ecuador?	Wie heißt die Hauptstadt von Ecuador?
¿Cuál de estos tres perros es el tuyo?	Welcher von diesen drei Hunden ist deiner?

- **Dónde**

"Dónde" wo? steht allein oder nach einer Präposition und fragt **nach dem Ort**, an dem sich Personen oder Dinge befinden oder Handlungen stattfinden.

¿Dónde está Isabel?	Wo ist Isabel?
¿Dónde trabajas?	Wo arbeitest du?
¿Adónde van ustedes?	Wo gehen Sie hin?
¿De dónde vienes?	Wo kommst du her?
¿Desde dónde vienes?	Woher kommst du?
¿(En) dónde pasó aquello?	Wo geschah das?
¿Hacia dónde vais?	Wohin geht ihr?
¿Para dónde vas?	Wohin gehst du?
¿Por dónde empezamos?	Womit fangen wir an?
¿(Sobre) dónde está eso?	Wo (ungefähr) befindet sich das?

- **Cuándo**

"Cuándo" wann? fragt **nach der Zeit**, in der eine Handlung stattfindet. Es steht allein oder nach Präpositionen.

¿Cuándo viene tu marido?	Wann kommt dein Mann?
¿Cuándo apareció ese libro?	Wann erschien dieses Buch?
¿De cuándo son esos zapatos?	Von wann sind diese Schuhe?
¿Desde cuándo estudias español?	Seit wann lernst du Spanisch?
¿Hasta cuándo estarás en Madrid?	Bis wann wirst du in Madrid bleiben?
¿Para cuándo es la boda?	Für wann ist die Hochzeit vorgesehen?
¿(Sobre) cuándo llegará tu padre?	Wann (ungefähr) wird dein Vater kommen?

- **Cómo**

"Cómo" wie? fragt nach der **Art und Weise von Personen, Dingen oder Handlungen** und nach ihrem Wesen oder Zustand.
Mit der Präposition "a" – **"a cómo"** – fragt es nach dem Preis.

¿Cómo se llama usted?	Wie heißen Sie?
¿Cómo es tu prima?	Wie ist deine Kusine?
¿Cómo está tu padre?	Wie geht es deinem Vater?
¿Cómo has conseguido las entradas?	Wie hast du die Eintrittskarten bekommen?
¿A cómo está la ternera?	Wieviel kostet heute das Kalbfleisch?
¡Cómo que no!	Wieso denn nicht!

Merke: In der Frage nach dem Befinden oder dem Zustand wird das Fragewort **"qué tal" mit derselben Bedeutung von "cómo"** verwendet.
"Qué tal" allein wird auch als Begrüßung gebraucht.

¿Qué tal está usted?	Wie geht es Ihnen?
¿Qué tal van los negocios?	Wie laufen die Geschäfte?
Hola. ¿Qué tal?	Hallo, wie geht's?

- **Cuánto**

"Cuánto" wieviel?, wie lange? fragt **nach Menge, Preis oder Dauer**. In Verbindung mit einem Substantiv stimmt es in Geschlecht und Zahl mit ihm überein.

¿Cuántos años tiene María?	Wie alt ist Maria?
¿Cuánta fruta has comprado?	Wieviel Obst hast du gekauft?
¿Cuánto cuesta el kilo de uvas?	Wieviel kostet das Kilo Weintrauben?
¿Cuánto dura el concierto?	Wie lange dauert das Konzert?
¿A cuánto están hoy las peras?	Wie teuer sind heute die Birnen?
¿Por cuánto vendes el piso?	Für wieviel verkaufst du die Wohnung?
¿(Sobre) cuánto ganará Jorge?	Wieviel wird Georg (ungefähr) verdienen?
¡Cuánto me alegro!	Wie ich mich freue!
¡Cuánto lo siento!	Das tut mir sehr leid!

Die Präposition (Verhältniswort) – La preposición

Verwendung der einzelnen Präpositionen

a an, in, um, zu, nach, mit …

1. Vor dem Substantiv als *Akkusativobjekt* der Personen bzw. Lebewesen.

He llamado a Norberto por teléfono.	Ich habe Norbert angerufen.
María acaricia a su gato.	Maria streichelt ihre Katze.

2. Vor dem Substantiv als *indirektem Objekt* (Dativ).

Voy a regalar un libro a Naya.	Ich werde Naya ein Buch schenken.

3. Zur Angabe der *Richtung* (wohin).

Mañana voy al teatro.	Morgen gehe ich ins Theater.

4. Zu einigen *örtlichen Angaben.*

Siéntate a la mesa.	Setz dich zu Tisch.
Siéntese a la derecha de Carmen.	Setzen Sie sich rechts von Carmen.
Ponte un rato al sol.	Leg dich eine Weile in die Sonne.

5. Zu *zeitlichen Angaben* des Ziels und des Zeitpunkts.

Lo acabaré de aquí a un mes.	Ich werde es heute in einem Monat fertig haben.
Ven a las diez.	Komm um 10 Uhr.
Isabel sabía leer a los cinco años.	Isabel konnte mit fünf Jahren lesen.

6. Zur Bezeichnung der *Art und Weise.*

Voy a pie.	Ich gehe zu Fuß.
Llueve a cántaros.	Es regnet in Strömen.
Vive a lo loco.	Er lebt verrückt.
Juan se ha despedido a la francesa.	Juan hat sich auf französisch verabschiedet (aus dem Staub gemacht).

ante vor (vor allem *im übertragenen Sinn*)

Estoy ante una difícil situación.	Ich stehe vor einer schwierigen Situation.
Fueron llevados ante el juez.	Sie wurden vor den Richter gebracht.

antes de vor *(zeitlich)*

Lo sabrás antes de una hora.	Du wirst es noch vor einer Stunde erfahren.
Quiero terminarlo antes de comer.	Ich will es vor dem Mittagessen beenden.

alrededor de um (*örtlich, zeitlich* und im *übertragenen Sinn*)

La tierra gira alrededor del sol.	Die Erde dreht sich um die Sonne.
La película dura alrededor de dos horas.	Der Film dauert etwa zwei Stunden.
Ha heredado alrededor de un millón.	Er/Sie hat so um/etwa eine Million geerbt.

bajo unter (vor allem *im übertragenen Sinn*)

Todos estamos bajo la ley.	Wir sind alle unter dem Gesetz.
Lo dijo bajo juramento.	Er/Sie sagte es unter Eid.

cerca de in der Nähe von (vor allem *örtlich*)

Vivo cerca de la estación.	Ich wohne in der Nähe des Bahnhofs.

con mit *(Begleitung, Werkzeug, Mittel, Art und Weise)*

Voy con mi novia a Madrid.	Ich fahre mit meiner Freundin nach Madrid.
Córtalo con las tijeras.	Schneide es mit der Schere.
¿Comes el pollo con la mano?	Ißt du das Hähnchen mit der Hand?
Juan fue al examen con miedo.	Juan ging mit Angst zur Prüfung.

contra gegen

El Real Madrid juega contra el Hamburgo.	Real Madrid spielt gegen HSV Hamburg.

de von, aus, Genitiv

1. *Ort* (woher)

Viene del cine. ¿Vosotros venís de Aquisgrán? Parece venir de familia noble.	Er/Sie kommt vom Kino. Kommt ihr aus Aachen? Er/Sie scheint aus einer adligen Familie zu stammen.

2. *Stoff*

Necesito unos calcetines de lana. Hoy tenemos tarta de manzana.	Ich brauche ein Paar Wollsocken. Heute haben wir Apfeltorte.

3. *Teil eines Ganzen* (partitiv)

Uno de mis amigos vendrá en Navidad.	Einer meiner Freunde wird Weihnachten kommen.

4. *Besitzbezeichnend* (possessiv)

El coche de mi hermana es viejísimo.	Das Auto meiner Schwester ist uralt.

5. *Nähere Bestimmung*

Llegaré con el tren de las once. ¿Habéis visto el Monasterio de El Escorial?	Ich werde mit dem 11-Uhr-Zug kommen. Habt ihr das Kloster El Escorial gesehen?

6. *Beziehung*

Primero hay que cambiarse de ropa. No quisiera cambiar de oficio.	Zuerst muß man sich umziehen. Ich möchte nicht den Beruf wechseln.

7. *Zeitraum*

Siempre está leyendo, de día y de noche.	Er/Sie liest immer, bei Tag und bei Nacht.

8. *Art und Weise* (meistens bei adverbiellen Ausdrücken)

Lo hice de buena gana. Inés cayó de rodillas.	Ich tat es gern. Ines fiel auf die Knie.

9. Bezeichnung einer *Eigenschaft*

Todos dicen que Santiago es un hombre de principios.	Alle Leute sagen, daß Santiago ein Mann mit Grundsätzen ist.

10. *Ursache*

Marisa lloraba de alegría.	Marisa weinte vor Freude.

debajo de unter *(rein örtlich)*

Escondí el regalo debajo de la cama.	Ich versteckte das Geschenk unter dem Bett.

delante de vor (meistens *rein örtlich*)

El jardín está delante de la casa. Iba delante de mí.	Der Garten liegt vor dem Haus. Er/Sie ging vor mir.

dentro de in, innerhalb *(örtlich und zeitlich)*

En invierno tenemos las plantas dentro de la casa. El paquete llegará dentro de una semana.	Im Winter haben wir die Pflanzen in der Wohnung. Das Paket wird in einer Woche eintreffen.

desde von …aus, seit *(örtlich und zeitlich)*

Vengo andando desde la oficina. Estoy aquí desde las siete.	Ich komme zu Fuß vom Büro. Ich bin hier seit 7 Uhr.

hace vor (bezeichnet den *Anfang eines Zeitraums*)

Marta llegó hace una semana. Vine hace poco.	Marta kam vor einer Woche an. Ich bin vor kurzem gekommen.

desde hace seit (bezeichnet die *Dauer eines Zeitraums*)

Carlos estudia alemán desde hace tres años.	Carlos lernt seit drei Jahren Deutsch.

después de nach *(zeitlich)*

Después de la conferencia vamos a comer.	Nach dem Vortrag gehen wir essen.

detrás de hinter *(örtlich)*

La pelota está detrás de ti.	Der Ball ist hinter dir.

durante während *(zeitlich)*

Durante la cena no me gusta ver la televisión.	Während des Abendessens sehe ich nicht gerne fern.

en in, auf, an …

1. *Ort* (wo)

Lola está en Madrid. Los niños están todo el día en la calle.	Lola ist in Madrid. Die Kinder sind den ganzen Tag auf der Straße.

2. *Zeit* (wann)

Pedro cumple años en marzo.	Pedro hat im März Geburtstag.

3. *Art und Weise*

¿Lo dice en serio o en broma? ¿Sabes decirlo en alemán?	Sagen Sie es im Ernst oder zum Spaß? Kannst du es auf deutsch sagen?

4. *Wertangabe*

El cuadro está valorado en un millón.	Das Bild ist auf eine Million geschätzt.

encima de auf *(örtlich)*

Lo he dejado encima de la mesa.	Ich habe es auf dem Tisch gelassen.

entre zwischen, unter (*örtlich, zeitlich, Beziehung* zwischen Personen und Dingen)

La casa está entre el río y la montaña.	Das Haus liegt zwischen dem Fluß und dem Berg.
Vengo entre las once y las doce.	Ich komme zwischen elf und zwölf Uhr.
Entre nosotros hay un traidor.	Unter uns ist ein Verräter.

enfrente de, frente a gegenüber *(örtlich)*

Enfrente de/Frente a mi casa hay un campo de fútbol.	Gegenüber meinem Haus ist ein Fußballplatz.

fuera de außerhalb von, weg von *(örtlich)*

En agosto estaremos fuera de Madrid.	Im August werden wir nicht in Madrid sein.

hacia nach, gegen *(örtlich und zeitlich)*

Señaló con la mano hacia la puerta.	Er/Sie zeigte mit der Hand zur Tür hin.
Han dicho que vienen hacia las nueve.	Sie haben gesagt, sie kämen gegen neun Uhr.

hasta bis, sogar (*örtlich, zeitlich,* auch *im übertragenen Sinn*)

Voy sólo hasta la Plaza Mayor.	Ich gehe nur bis Plaza Mayor.
No vienen hasta julio.	Sie kommen erst im Juli.
Hasta la vajilla es de plata.	Sogar das Geschirr ist aus Silber.

junto a neben, an, bei *(örtlich)*

La librería está junto a la iglesia.	Die Buchhandlung ist neben der Kirche.

lejos de fern von, entfernt von *(örtlich)*

Todavía estamos muy lejos del mar.	Wir sind noch sehr weit entfernt vom Meer.

para für, nach

1. *Zweckbestimmung*

Estoy buscando unos pendientes para mi novia.	Ich suche Ohrringe für meine Freundin.

2. *Verhältnis*

Está muy alto para su edad.	Er ist sehr groß für sein Alter.

3. *Zeitpunkt*

¡Téngamelo para el viernes, por favor!	Machen Sie es mir bitte bis Freitag fertig!

4. *Zielrichtung*

Mañana salgo para Valencia.	Morgen reise ich nach Valencia ab.

por durch, wegen, für, zu, auf, aus, von

1. *Ursache*

No lo hace por cariño, sino por interés.	Da handelt er/sie nicht aus Liebe, sondern aus Egoismus.

2. *Mittel*

Te lo mando por correo. Lo supe por una carta de ella.	Ich schicke es dir per Post. Ich erfuhr es durch einen Brief von ihr.

3. *Ort*

¿Vamos a dar un paseo por el parque?	Machen wir einen Spaziergang im Park?

4. *Zeit*

Trabajo mejor por la mañana que por la tarde.	Ich arbeite besser vormittags als nachmittags.

5. *Zugunsten von*

Lo hago sólo por ella.	Ich tue es nur für sie (um ihretwillen).

6. *Einverständnis*

Por mí que lo haga.	Von mir aus soll er es tun.

7. *Anstelle von*

He pagado la factura por ti.	Ich habe die Rechnung für dich bezahlt.

8. *Preis*

Lo he comprado por quinientas pesetas.	Ich habe es für 500 Peseten gekauft.

9. Für den Urheber beim *Passiv.*

La carta ha sido escrita por él.	Der Brief ist von ihm geschrieben worden.
Esta casa fue construida por Gaudí.	Dieses Haus wurde von Gaudí gebaut.

sin ohne

Mi sobrino está sin trabajo y sin dinero.	Mein Neffe ist arbeitslos und hat kein Geld.

sobre über, auf (*örtlich*, auch *im übertragenen Sinn*)

La partitura está sobre el piano.	Die Partitur liegt auf dem Klavier.
El profesor Díaz habló sobre la paz.	Professor Díaz sprach über den Frieden.

tras hinter(her) *(im übertragenen Sinn)*

Corres tras un sueño.	Du läufst einem Traum hinterher.

Präpositionen mit Infinitiv

Sehr oft wird im Spanischen eine **Präposition mit einem Infinitiv als Ausdruck eines Nebensatzes** verwendet.

a, al *(Zeit)*

Juan lo hizo al llegar. Al ver que no llegaba, me marché yo solo.	Juan tat es, als er ankam. Als ich sah, daß er/sie nicht kam, ging ich allein.

antes de *(Zeit)*

Antes de hablar con él, piénsalo bien. ¿Tomamos un aperitivo antes de comer? Haz el favor de llamarnos antes de salir de casa.	Bevor du mit ihm sprichst, überleg es dir gut. Nehmen wir einen Aperitif vor dem Essen? Ruf uns bitte an, bevor du aus dem Haus gehst.

con *(Mittel, Bedingung)*

Con explicárselo, lo entenderá enseguida. Con pedírselo a tu madre, te lo dará.	Wenn du es ihm erklärst, wird er es sofort verstehen. Wenn du deine Mutter darum bittest, wird sie es dir geben.

de

1. *Bedingung*

De haber estado en Sevilla, nos habría llamado por teléfono. De haberlo sabido a tiempo, habría ido con vosotros.	Wenn sie in Sevilla gewesen wäre, hätte sie uns angerufen. Wenn ich es rechtzeitig gewußt hätte, wäre ich mit euch gegangen.

2. *haber de + Infinitiv* sollen, müssen, haben zu
   es de + Infinitiv es ist zu …

Un perro ha de obedecer. Era de esperar.	Ein Hund hat zu gehorchen. Das war zu erwarten.

en *(nach bestimmten Wendungen)*

¿Por qué tardas tanto en arreglarte?	Warum brauchst du so lange, um dich zurechtzumachen?
No hay inconveniente en comprar la casa.	Es gibt keinen Grund dafür, das Haus nicht zu kaufen.

hasta *(Endergebnis)*

Bebieron hasta emborracharse.	Sie tranken solange, bis sie betrunken waren.
Quiero seguir hasta terminarlo.	Ich will weitermachen, bis ich es beendet habe.

para *(Zweck, Entgegenstellung, im Begriff sein)*

Compré las flores para regalárselas a mi hija.	Ich habe die Blumen gekauft, um sie meiner Tochter zu schenken.
Para haber estudiado tanto tiempo, sabe bien poco.	Dafür, daß er solange studiert hat, weiß er recht wenig.
Está para llegar de un momento a otro.	Sie/Er wird jeden Moment kommen.

por *(Ursache, Nichterledigung)*

Le metieron en la cárcel por robar.	Man steckte ihn wegen Diebstahls ins Gefängnis.
El partido de fútbol está aún por finalizar.	Das Fußballspiel ist noch nicht zu Ende.

sin *(Mangel)*

Sin comer no se puede vivir.	Ohne zu essen kann man nicht leben.

Die Konjunktion (Bindewort) – La conjunción

Die Konjunktion verbindet Wörter oder Sätze miteinander.

Verwendung der einzelnen Konjunktionen

Kopulative (beiordnende) **Konjunktionen**

1. **y** und

Cogí un papel y un lápiz y se los di al niño.	Ich nahm ein Blatt Papier und einen Bleistift und gab sie dem Kind.

Merke: "y" wird zu **"e"** vor "i" oder "hi".

Hoy vienen Juan e Isabel. Estudian Geografía e Historia.	Heute kommen Juan und Isabel. Sie studieren Geographie und Geschichte.

2. **que** daß
   "Que" steht vor der indirekten Rede und vor allen anderen Nebensätzen mit Indikativ oder Konjunktiv (s. auch Seiten 90–95, 103–104).

Dice que viene hoy. No creo que eso sea verdad.	Er sagt, daß er heute kommt. Ich glaube nicht, daß das wahr ist.

Disjunktive (trennende) **Konjunktionen**

o oder

¿Vamos al cine o al teatro, o damos un paseo?	Gehen wir ins Kino oder ins Theater oder machen wir einen Spaziergang?

Merke: **"o"** wird zu **"u"** vor "o" oder "ho".

¿Quiere usted un azul claro u oscuro? Ayer u hoy, siempre es lo mismo.	Möchten Sie ein helles oder ein dunkles Blau? Gestern oder heute, es ist immer dasselbe.

Zwischen Zahlen schreibt man **"ó"**. *No sé si tiene 16 ó 17 años.* Ich weiß nicht, ob er 16 oder 17 Jahre alt ist.

Illative (folgernde) **Konjunktionen**

luego, conque, por consiguiente   folglich, infolgedessen, also ...

Él no bebe, luego no tiene sed. No tienes dinero, por consiguiente no puedes comprarte otro coche.	Er trinkt nicht, also hat er keinen Durst. Du hast kein Geld, infolgedessen kannst du dir auch kein anderes Auto kaufen.

Adversative (entgegenstellende) **Konjunktionen**

1. **pero, mas, sin embargo** aber, **sino** sondern

Lo dice, pero/mas no lo hace. A Inés, sin embargo, no le habla. Eso no lo dijo Alberto, sino su hermano.	Er sagt es, aber er tut es nicht. Mit Ines spricht er aber nicht. Das hat nicht Alberto gesagt, sondern sein Bruder.

"Mientras que", **"en tanto que"** haben die gleiche Funktion wie "pero": *Yo sí iré, mientras tú te quedarás en casa.* Ich werde schon gehen, du bleibst aber daheim.

2. **aunque, aun cuando, a pesar de que**   obwohl, auch wenn

Aunque come mucho, no engorda. A pesar de estar un poco resfriado, quiere ir a trabajar.	Obwohl er viel ißt, nimmt er nicht zu. Obwohl er etwas erkältet ist, will er arbeiten gehen.

Im gleichen Bedeutungsbereich wie "aunque" stehen u. a. auch **"por más que"** wie sehr auch, **"por mucho que"** so sehr auch. Diese sind adversative Konjunktionen mit einräumender Bedeutung: *No lo conseguirás por mucho que te esfuerces.* So sehr du dich auch bemühst, erreichen wirst du es nicht.

Temporal *(Zeit)*

cuando als, wenn, **antes (de) que** bevor, **después (de) que** nachdem, **desde que** seitdem, **mientras (que)** während, **hasta que** bis

Cuando vino Pedro, era ya tarde.	Als Pedro kam, war es schon zu spät.
Lo terminé antes (de) que viniera Isabel.	Ich beendete es, bevor Isabel kam.
Después que lo había hecho, se arrepintió.	Nachdem er es getan hatte, bereute er es.
Desde que visitó Nicaragua, se interesa mucho por ese país.	Seitdem er Nicaragua besucht hat, interessiert er sich sehr für dieses Land.
Mientras yo escribo la carta, puedes tú escuchar esa casete.	Du kannst diese Cassette hören, während ich den Brief schreibe.
Habló con él hasta que consiguió lo que quería.	Er sprach mit ihm, bis er erreichte, was er wollte.

Kausal *(Grund)*

porque weil, **pues** denn, **ya que, como, puesto que** da

Está triste porque no puede ir a Lima.	Sie ist traurig, weil sie nicht nach Lima fahren kann.
No voy, pues es ya muy tarde.	Ich gehe nicht hin, denn es ist schon zu spät.
Ya que/Como no vamos de vacaciones, podemos ocuparnos del jardín.	Da wir nicht in Urlaub fahren, können wir uns um den Garten kümmern.
Tengo que hacerlo, puesto que no hay otra posibilidad.	Ich muß es tun, weil es keine andere Möglichkeit gibt.

Final *(Zweck)*

para que, a fin de que damit

Te lo explico para que/a fin de que lo entiendas.	Ich erkläre es dir, damit du es verstehst.
Teresa nos ha llamado para que vayamos con ella a la ópera.	Teresa hat uns angerufen, damit wir mit ihr in die Oper gehen.

Konditional *(Bedingung)*

si wenn, falls, **en caso de que** falls, **a condición de que** unter der Bedingung, daß

Si viene se lo diré. En caso de que venga, se lo diré.	Wenn/Falls sie kommt, werde ich es ihr sagen.
Si tuviera más dinero, me compraría un piso.	Wenn ich mehr Geld hätte, würde ich mir eine Wohnung kaufen.
Te lo enseño a condición de que no se lo digas a nadie.	Ich zeige es dir unter der Bedingung, daß du es niemandem weitersagst.

Konsekutiv *(Folge)*

de manera que, de forma que, de modo que so daß

Carmen no vino ayer, de manera que no pudimos hablar con ella.	Carmen kam gestern nicht, so daß wir mit ihr nicht sprechen konnten.

Komparativ *(Vergleich)*

como so wie, **igual que, lo mismo que** genau(so) wie, **como si** als ob

Lo digo como lo siento.	Ich sage es so, wie ich es fühle.
Hizo lo mismo que había anunciado.	Er tat genau das, was er angekündigt hatte.
Lo creo como si lo estuviera viendo.	Ich glaube es so, als ob ich es vor mir sähe.

Wortstellung im spanischen Satz

Satzelemente

Die Wortstellung im spanischen Satz richtet sich nicht nach immer geltenden Regeln. Die Satzelemente sind: Subjekt, Verb, direktes Objekt, indirektes Objekt (Substantive und Pronomen), Adverb und adverbiale Bestimmungen, präpositionale Ausdrücke.

Regelmäßige Wortstellung

Subjekt → Verb → Direktes Objekt → Indirektes Objekt.
(Zur Stellung des Pronomens im Satz s. Seiten 114–115.)

Carmen regala un libro a Paco.	Carmen schenkt Paco ein Buch.
Pedro compra flores a su mujer.	Pedro kauft seiner Frau Blumen.

Stellung des Adverbs

Adverbien stehen in der Regel unmittelbar nach dem Verb.
Am Anfang des Satzes stehen sie, wenn sie betont werden sollen.

Carmen compró ayer el libro.	Carmen kaufte gestern das Buch.
Ayer Carmen compró el libro. Ayer compró Carmen el libro.	} Gestern kaufte Carmen das Buch.

Stellung der adverbialen Bestimmungen und präpositionalen Ausdrücke

Adverbiale Bestimmungen und präpositionale Ausdrücke dienen zur Angabe von Zeit, Ort, Grund, Art und Weise, Mittel usw. Sie können stehen:

1. *Am Satzanfang*

La semana pasada Carmen compró un libro.	Letzte Woche kaufte Carmen ein Buch.

2. *Nach dem Verb*

Carmen compró *en la librería del señor Alonso* un libro.	Carmen kaufte in der Buchhandlung von Herrn Alonso ein Buch.

3. *Am Satzende*

Cristina compró ese libro *en una librería de París.*	Cristina kaufte dieses Buch in einer Buchhandlung in Paris.

Stellung des Hilfsverbs und des Partizips

Hilfsverb und Partizip (beim Perfekt, Plusquamperfekt, Pretérito anterior, Infinitiv II, Gerundium II) sind im Spanischen untrennbar.

Esta semana Ernesto *ha ido* cuatro veces al cine. Si estás tan cansado, es por *haber trabajado* tanto, seguro.	Diese Woche ist Ernesto viermal ins Kino gegangen. Wenn du müde bist, dann sicher deshalb, weil du soviel gearbeitet hast.

Die Wortstellung in Haupt- und Nebensätzen

Im Gegensatz zum Deutschen ist die Wortstellung in Haupt- und Nebensätzen im Spanischen gleich.

Pedro ha comprado por la mañana el vino porque Marisa lo quería para el almuerzo.	Pedro hat den Wein am Vormittag gekauft, weil Marisa ihn fürs Mittagessen wollte.

Die Wortstellung in Fragesätzen

In der Regel ist die Wortstellung bei Fragesätzen im Spanischen genau wie im Deutschen.

¿Viene Carmen?	Kommt Carmen?
¿Pedro viene?	Pedro kommt?
¿Qué busca Antonio?	Was sucht Antonio?

Stellung des zusätzlichen Personalpronomens im Satz

Beginnt ein Satz mit einem Substantiv oder einem Demonstrativpronomen als Akkusativ oder Dativobjekt, so muß zusätzlich noch das unbetonte Personalpronomen (Akkusativ bzw. Dativ) verwendet werden (s. auch Seite 113):

La camisa *la* lavé ayer.	Das Hemd habe ich gestern gewaschen.
A Pilar *le* he mandado unas flores.	Pilar habe ich Blumen geschickt.
Eso *lo* sé muy bien.	Das weiß ich sehr gut.
A Angelita *le* dije una mentira.	Angelita habe ich eine Lüge gesagt.
Esa película *la* he visto ya dos veces.	Diesen Film habe ich schon zweimal gesehen.

Register